Cahier de tendances 2021

La collection *Monde en cours*
est dirigée par Jean Viard

www.editionsdelaube.com

ISBN 978-2-8159-4288-1

CAHIER DE TENDANCES 2021

Ouvrage coordonné par
Jean-Marie Durand et Thierry Germain

éditions de l'aube
fondation jean-jaurès

SOMMAIRE

LE SOI ET LE SOIN

JEAN-MARIE DURAND
Journaliste

THIERRY GERMAIN
Expert associé à la Fondation Jean-Jaurès

C'EST LA TENDANCE QUI EST TENDANCE

Rien n'est tendance aujourd'hui, sinon l'idée même de l'impossibilité à l'être ou à le devenir. Ce qui s'annonce a moins le goût exaltant d'une promesse que celui, amer, d'une menace. Si rien ni personne ne peut plus se permettre d'afficher sa prétention à habiter le monde des « tendances », c'est bien parce que celles-ci ont toutes disparu dans la nature, comme les lucioles, décrites en 1975 par Pier Paolo Pasoloni dans un élan mélancolique et colérique. La nature – à la fois du vivant, du social, du politique, de l'économique, du technique, de l'éthique… – a été détruite jusqu'à un certain point de non-retour. Le retour à la normale n'est-il d'ailleurs pas précisément un problème? Car si beaucoup espèrent revivre comme avant, ils oublient de considérer que cet « avant » constitue en l'occurrence la source première de nos étouffements. En plus de susciter la panique dans le monde entier avec un virus incontrôlable, la crise liée au Covid-19 a surtout révélé au grand jour des failles anciennes. L'effet de rupture éprouvé concrètement dans nos modes d'existence à cause de la crise sanitaire n'a fait que mettre en lumière, en les radicalisant, des fragilités sociales et politiques structurelles. La propagation du virus n'a été rendue possible qu'à la mesure d'infrastructures mises en place depuis des décennies. L'anthropologue Philippe Descola soulignait à quel point ce que nous vivons aujourd'hui est moins le fait d'un virus isolé que la conséquence de l'organisation des valeurs de nos sociétés. « Ce fait social total que nous vivons combine la multiplication des échanges, les atteintes à la biodiversité et la persistance des inégalités[1] », disait-il durant le confinement.

Le rédacteur en chef de la revue scientifique *The Lancet*, Richard Horton, estimait à ce propos que l'épidémie de Covid-19 n'était pas une « pandémie » mais bien une « syndémie »[2], c'est-à-dire une maladie causée par un système social et économique global. Ce qui fait dire à la philosophe Barbara Stiegler que, si nous ne vivons pas une pandémie, vous vivons bien « en Pandémie »[3], nous obligeant à inventer de nouvelles formes de vie : ces formes dont une majorité d'intellectuels et chercheurs, aspirés par la perspective du fameux « monde d'après », se sont donné pour tâche de penser.

La profusion des idées circulant dans l'espace intellectuel et médiatique depuis un an a révélé qu'une révolution de la pensée politique était en cours; celle-ci, espérait Philippe Descola, pourrait même être « d'une même ampleur que celle réalisée par la philosophie des Lumières, puis par les penseurs du socialisme ». Quand bien même certains se demandent encore pourquoi imaginer un monde d'après alors même que nous ne sommes pas capables de comprendre celui de maintenant. Il est vrai que cette littérature sur le « monde d'après » bute sur un tropisme idéaliste un peu naïf. Un an après l'irruption du virus, il est frappant de mesurer que la rupture avec l'ancien monde se fait toujours attendre, et que, malheureusement, on peut craindre un durcissement des pouvoirs dominants.

Qualifiée de « pire » de l'histoire par le magazine *Time*, l'année 2020 a donc plombé les esprits et les corps, jusqu'à faire basculer dans le credo catastrophiste les citoyens les plus sereins. La philosophe Claire Marin rappelait que la maladie s'était immiscée dans nos vies à la faveur de l'épidémie, jusque dans « nos gestes, nos habitudes et

1. Nicolas Truong, « Philippe Descola, "Nous sommes devenus des virus pour la planète" », *Le Monde*, 20 mai 2020.
2. Richard Horton, « Offline: Covid-19 is not a Pandemic », *The Lancet*, 26 septembre 2020.
3. Barbara Stiegler, *De la démocratie en Pandémie. Santé, recherche, éducation*, Paris, Gallimard, coll. « Tracts », n° 23, janvier 2021.

notre imaginaire » ; de telle sorte qu'elle est « le nom d'une nouvelle inquiétude contemporaine »[1].

Recouvert par cette couche d'inquiétude, le concept de « tendance » semble donc indécent, car il postule que les mouvements de la vie sont encore possibles, alors même qu'ils ont été entravés comme jamais par l'épidémie de Covid-19 et par l'expérience lourde du confinement. Lucide sur l'effet de rupture radical de ce moment historique, le philosophe Bruno Latour le remarquait ainsi dans son essai *Où suis-je ? Leçons du confinement à l'usage des terrestres*, paru en début d'année : « Il faut tout réinventer à nouveau, le droit, la politique, les arts, l'architecture, les villes, mais chose plus étrange encore, il faut aussi réinventer le mouvement même, le vecteur de nos actions. Non plus aller de l'avant dans l'infini, mais apprendre à reculer, à déboîter, devant le fini. » Et Latour de préciser, comme une invitation à revoir et repenser nos réflexes fondamentaux : « C'est d'aller toujours de l'avant qui nous enfermait, et c'est d'apprendre à reculer qui nous déconfine. »

À LA POURSUITE DES SIGNAUX FAIBLES

À défaut de tendances, ce sont donc des mouvements de basse intensité, qu'ils soient sociaux, politiques, économiques, moraux, scientifiques, techniques ou culturels, que ce cahier voudrait consigner : des mouvements discrets qui assument la pratique du recul et du déboîtement, de l'écart avec les normes dominantes imposées par un modèle néo-libéral en bout de course, même si beaucoup d'économistes croient encore en sa résilience. À côté d'autres signaux forts, aux effets prévisibles, ces signaux faibles dessinent les contours de dynamiques sociales en devenir, et préfigurent un modèle possible de nouvelle société.

Il se trouve qu'avec le Covid-19 l'irruption d'une conscience planétaire, liée à l'évidence d'une transformation nécessaire de nos modes d'existence, a généré des idées tous azimuts. Conversion écologique de l'économie, révolution fiscale, domestication des marchés

1. Nicolas Truong, « Claire Marin : "Il va falloir peut-être admettre que 2020 nous prépare douloureusement à l'idée de devoir vivre autrement" », *Le Monde*, 27 décembre 2020.

financiers, refonte des institutions démocratiques... : les chantiers nombreux sont à la mesure des périls qui nous guettent. Comme le remarquait Latour, l'invitation à repenser nos sociétés dans leur globalité fonctionnelle et de calmer leurs ardeurs consuméristes, productivistes, capitalistiques... est « une autre manière de s'émanciper ». En plus de nous étouffer, le confinement nous au moins appris une chose : comprendre qu'il pouvait servir de préparation, voire de répétition générale, « pour quand nous serons de nouveau confinés par une autre panique devant une autre menace ».

En proposant une cartographie éclatée de ces indices et de ces signaux, comme on pêcherait des idées dans un magasin de concepts en vrac, il ne s'agit pas moins de suggérer qu'un autre monde est encore possible. Mieux, qu'il existe déjà, lorsque l'on fait l'effort d'y prêter attention, de documenter les espaces, les élans, les objets, les valeurs, les techniques qui s'immiscent dans les interstices d'une crise mondiale plombante. Tous ces mouvements se croisent, se percutent, s'entremêlent, quand bien même ils peuvent sembler parfois très éloignés les uns des autres. Car rien ne se joue plus de manière autonome dans les espaces sociaux mondiaux. Le « séparatisme » des objets et des idées n'a plus de sens aujourd'hui : c'est l'interdépendance des faits, des pensées, des objets, des mobilisations sociales, qui définit le nouvel ordre mondial. Désordonné en apparence, anarchique dans les formes mêmes de ses apparitions, brutal dans les secousses qui s'y déploient, ce monde s'inquiète lui-même de tout ce qui le traverse. Mais, dans une tension créatrice, il se rassure parfois de ce qu'il sait aussi promettre. À tous ces allers-retours entre décomposition et progrès, ce cahier sera ainsi attentif : aussi les grands mouvements politiques structuraux – les nouveaux visages du terrorisme, la crise de l'universalisme, l'essor de la désobéissance civile, la lutte contre le patriarcat, le retour du solidarisme, le souci de la coopération et de l'entraide... – que les déplacements politiques plus discrets et sensibles –, la force des liens faibles dans la structuration des liens sociaux, la société sans contact, les élans brisés des jeunes générations, la diplomatie féministe –, mais aussi les émergences

> « C'est l'interdépendance des faits, des pensées, des objets, des mobilisations sociales, qui définit le nouvel ordre mondial.

symptomatiques des temps nouveaux – l'essor de la chaise pliante, la customisation de masse, l'obsession de la notation, les réflexions sur l'impact de l'architecture et du design social sur l'égalité de genre.

TROIS LEITMOTIV EN FORME DE RADICALITÉS POSITIVES

Y a-t-il dans cette polyphonie quelque leitmotiv qui ressorte, une ou plusieurs lignes mélodiques qui, structurant l'ensemble, nous font davantage prêter l'oreille ? Trois leitmotiv peuvent être identifiés :

Le premier leitmotiv : nous sommes décidément arrivés à l'âge des limites. Dans bien des domaines, finitude et incertitude se mêlent pour brouiller la lecture et la marche des choses, créant des tensions et des séparatismes toujours plus vifs. Échéances climatiques de plus en plus affirmées, crise de la délibération exprimée sous de multiples figures (du complotisme au rapport à la science), phygitalisation de nos vies incessamment ballottées entre réel et virtuel, recomposition des lieux, tensions entre générations, fonctionnement en archipels, « terrorisme du coin de la rue »..., la société vit sous tension. Les humains échangent en temps réel des signaux aussi forts qu'ils sont instantanés et contradictoires, rendant toujours plus délicat l'exercice pourtant indispensable d'une lecture commune du monde, et d'un récit partagé du progrès. S'il faut sans tarder « réencastrer l'humanité dans ses limites planétaires » puisque des signaux d'alarmes partout se font entendre, comment le faire en état de perpétuelle incertitude ?

Le deuxième leitmotiv : ces incertitudes et blocages se produisent dans une ère systémique dictée par le vivant. « Tout se tient, tout est lié » est le trait commun de nombreux regards portés dans ce cahier sur des sujets pourtant si différents, et les interdépendances partout éclatent. Géomimétisme, animisme, économie symbiotique, écologie intégrale, « One Health », système technicien analysé autour du numérique, réensauvagement, dépassements de l'effondrement, lieux infinis..., tous ces aspects et bien d'autres affirment le même trait majeur de l'époque, que notre monde est un, dont tous les éléments sont interdépendants les uns avec les autres, et doivent donc se réguler ensemble, en cohérence, dans une approche systémique. Rien n'est plus central aujourd'hui dans la conduite et la compréhension du monde qu'une notion comme l'interconnexion, sans parler de la coopération, des interrelations, de la symbiose, qui traversent dans ses grandes largeurs le champ de la pensée, toutes disciplines confondues. En dépit d'une certaine tendance au réductionnisme dans les sciences, tous les mouvements qui se dessinent ici nous rappellent la nécessité d'une action politique globale, prenant en compte chaque élément du monde vivant qui, à des niveaux différents, conditionne notre avenir commun.

Le troisième leitmotiv : les défis qui l'assaillent de toute part laissent l'homme de plus en plus seul, dans des collectifs qui sans cesse se recomposent, faisant de la conquête de l'autonomie la plus essentielle de ses échéances. La symbolique est forte du passage du banc à la chaise pliante, d'un espace fixe et collectif à un artefact mobile et individuel. Hyper-connexion, marqueurs identitaires, communautés d'autant plus affirmées qu'elles sont volatiles, appropriations culturelles, corporéité et customisation, création de nouveaux circuits courts de la sociabilité, capitalisme d'intérêt général…, « les sujets en quête d'autonomie fantasment une libération qui garantirait à nouveau la réalité[1] ». Tout se tient : pour que le monde redevienne monde, il faut que l'homme retrouve une lecture de lui-même au sein d'espaces profondément recomposés. Pour répondre à l'injonction de réguler à nouveau des systèmes qui le dépassent, l'humain doit retrouver les voies et les moyens de sa propre régulation.

Ce cahier 2021 dit bien que « l'affrontement pour la suprématie des futurs[2] » est lancé. S'affirment alors les radicalités positives, c'est-à-dire des visions et propositions radicales qui tiennent compte des trois leitmotiv venant d'être énoncés : l'atteinte de l'âge des limites, l'entrée dans une ère systémique dictée par le vivant, la bataille de l'homme pour (re)conquérir son autonomie. Le temps presse et les enjeux sont lourds, donc chaque idée est précieuse. Puisque, dans cet « âge du faire », malgré les intentions affichées, « les idées neuves sont comme des lucioles qui peuvent à tout moment s'éteindre ».

1. Voir chapitre « Complotisme » d'Eva Illouz dans ce cahier.
2. Voir chapitre « Futurologie » de Fanny Parise dans ce cahier.

ART CORRECT

Une guerre des images, indexée à une guerre des identités, menace les circuits du monde de l'art, rattrapé par les tensions culturelles et morales de l'époque.

JEAN-MARIE DURAND
Journaliste

Par-delà l'autonomie de ses enjeux esthétiques, le champ de l'art fonctionne comme un sismographe du temps présent. Parce qu'il donne forme aux idées et aux affects qui définissent l'époque, l'art concentre en lui ce qui fragilise – ou renforce – l'idée du bien commun. Concentrant à l'intérieur de ses frontières certains des sujets qui agitent la société dans ses profondeurs secrètes, le monde de l'art fait résonner des débats qui divisent les acteurs sociaux sur des points de tension touchant aux modes d'expression, aux mémoires collectives, aux identités culturelles, aux minorités ignorées… Par essence concernés par les questions de représentation et de récit (de soi, du monde, des autres), les artistes et ceux qui les entourent – curators, directeurs de musées et de galeries, historiens de l'art… – sont aujourd'hui embarqués dans des problématiques qui, excédant le cadre de leurs propres gestes, concernent l'ensemble des citoyens. Que peut-on dire, raconter, représenter de la réalité de groupes sociaux dont on ne partage pas la vie et l'histoire? Comment faire place à des individus longtemps invisibilisés tout en respectant leurs douleurs passées? Il n'y a rien de plus sensible et radioactif dans le champ de l'art actuel que ce sujet de l'altérité qui procède autant d'un registre moral que d'un régime esthétique. Souvent reliés par la force des choses, l'art et la politique se confondent dans une même difficulté à honorer avec justesse et justice des histoires longtemps tues.

> Il n'y a rien de plus sensible et radioactif dans le champ de l'art actuel que ce sujet de l'altérité qui procède autant d'un registre moral que d'un régime esthétique.

Dès le début des années 2010, on a ainsi entendu des artistes réclamant une attention plus fine et respectueuse aux cultures minoritaires, exigeant notamment de ne pas parler en leur nom. On se souvient, par exemple, qu'en 2017, lors de la Biennale du Whitney Museum de New York, une lettre ouverte écrite par l'artiste britannique Hannah Black se demandait quelle était la légitimité d'une artiste blanche, Dana Schutz, à utiliser dans ses toiles « la douleur noire comme un matériau brut », sans en connaître elle-même les enjeux concrets. Autre polémique notoire : le peintre Kelley Walker, qui s'approprie des images de mannequins noires et d'émeutes raciales recouvertes de jets de dentifrice blanc ou de chocolat, a scandalisé les visiteurs du musée de Saint-Louis et provoqué la démission du curator, posant la question de savoir ce qu'un musée peut s'autoriser à exposer sans prendre en considération la sensibilité à vif d'une population locale concernée par la question des violences policières.

À cette logique épineuse de l'appropriation culturelle, maintes fois répétée dans des polémiques successives, est venue s'ajouter en 2020 une couche supplémentaire sur l'édifice des valeurs démocratiques mises à mal dans le champ de la création artistique : appeler à effacer la parole de ceux qui s'égarent dans des gestes offensant les minorités. Au nom de cette « culture de l'annulation » procédant d'une exigence morale, des citoyens, artistes ou militants ont contraint des directeurs d'institution et de musée à démissionner ces derniers mois (à San Francisco, Cleveland, Detroit...), ou simplement à reporter des expositions (la rétrospective du peintre Philip Guston prévue dans quatre musées anglo-saxons, alors même que le peintre rend visible dans ses toiles la question de la domination blanche à l'égard des Noirs). Simplement au nom du fait qu'elles heurtaient la sensibilité de la communauté afro-américaine.

Le contexte particulièrement tendu des violences policières à l'égard des Noirs durant cette année 2020 (meurtre de George Floyd…), dénoncé par le mouvement « Black Lives Matter », réactiva, il est vrai, la critique du système culturel américain au cœur d'un discours plus général contre les politiques de la domination : seulement 4 % des directeurs, conservateurs ou médiateurs sont noirs, alors que les Noirs représentent plus de 13 % de la population américaine.

Avec passion, et parfois dans une grande confusion (des idées, des arguments), la « cancel culture » fait ainsi l'objet depuis des mois de nombreuses réflexions dans l'espace universitaire, mais aussi dans celui de l'art et de la politique. Les positions semblent polarisées entre, d'un côté, la critique de ses effets et, de l'autre côté, une forme de relativisation de ses excès supposés et un rappel politique des injustices qu'elle met en lumière. On peut distinguer trois types d'intervention autour de ce sujet. Il y a ceux qui dénoncent sévèrement la menace grave sur la liberté d'expression, la « police de la pensée », la dénonciation anonyme, l'injure *ad hominem*. À l'opposé, se trouvent ceux qui se disent excédés par l'impunité du pouvoir et la passivité des institutions face au racisme, à l'injustice sociale, au sexisme, à l'homophobie, etc. Ces derniers soutiennent la nécessité d'une riposte politique à une modalité de gouvernement et à une culture de la discrimination à l'égard des minorités. Enfin, il y a ceux qui affirment que la « cancel culture » n'est en fait ni une culture ni une annulation, mais simplement une forme d'activisme à l'heure des réseaux sociaux, prolongeant une longue histoire de luttes politiques.

> Au nom de cette « culture de l'annulation » procédant d'une exigence morale, des citoyens, artistes ou militants ont contraint des directeurs d'institution et de musée à démissionner ces derniers mois.

Enchâssé dans cette grande controverse autour de la « cancel culture », elle-même symptomatique des failles mémorielles, culturelles et sociales des démocraties modernes, le champ de l'art apparaît donc à la fois ciblé et menacé. Accusé de complicité avec la culture dominante, d'aveuglement face à la réalité d'une histoire sociale pleine de trous et d'oublis (y compris l'histoire de l'art elle-même), il se raidit et se fige, comme pétrifié par des attaques qui, en dépit de leurs excès, le confrontent à ses manquements passés. Ce qu'il ne parvient plus à inventer, c'est un récit commun et inclusif, permettant à la fois de revendiquer le droit imprescriptible à la liberté d'expression tout en prenant acte des frustrations et du désir de reconnaissance des minorités méprisées par un système patriarcal ou post-colonial. La majorité des artistes contemporains intègrent pourtant largement dans leurs œuvres ces enjeux de mémoire et d'identités culturelles, soit dominées, soit hybrides, soit de « sang mêlé », pour reprendre le titre d'une exposition au Mac/Val à Vitry en 2017. Comme l'analysait dès 2005 l'historien de l'art Hal Foster dans son livre *Le Retour du réel. Situation actuelle de l'avant-garde*, les artistes du début du XXIe siècle font des « politiques de l'altérité et des identités culturelles la matière principale de leurs œuvres ».

« Ce qui menace sensiblement le monde de l'art dans le contexte actuel de crispations morales et politiques, ce sont donc moins les œuvres des artistes eux-mêmes que les règles implicites et les valeurs propres au champ institutionnel, rendu craintif par les débats qui l'entourent.

Avec l'autre grand sujet du moment – l'anthropocène et le vivant, comme objet de réflexion et de représentation sur la scène contemporaine –, les identités culturelles, suggèrent les artistes, sont toujours en train de se transformer et de muter, illustrant le propos du philosophe Jacques Derrida : « Le propre d'une culture, c'est de ne pas être identique à elle-même[1]. »

Ce qui menace sensiblement le monde de l'art dans le contexte actuel de crispations morales et politiques, ce sont donc moins les œuvres des artistes eux-mêmes que les règles implicites et les valeurs propres au champ institutionnel, rendu craintif par les débats qui l'entourent. Ce qui le guette n'est qu'un transfert implicite du politiquement correct vers un art correct. Autrement dit, d'un discours policé à des formes neutralisées, d'une pulsion négative d'effacement à un appel à déboulonner des statues (qui ne relèvent pas exactement de la création artistique

1. Jacques Derrida, *L'Autre Cap*, Paris, Éditions de Minuit, 1991.

mais qui restent parfois la trace d'un passé colonial, il est vrai) et à rayer de la carte artistique des formes qui échapperaient à ce que la philosophe Carole Talon-Hugon appelle un « tournant moralisateur » de l'art contemporain[1].

Ce contexte actuel d'une tension politique et historique dont le monde de l'art est un réceptacle privilégié ne doit pas occulter un phénomène sensible depuis une dizaine d'années : la diversification des profils des artistes et une réécriture de l'histoire de l'art à travers la réhabilitation massive de plasticiens et de pratiques laissés dans l'ombre. Le critique et curator Nicolas Bourriaud en prenait acte dans une tribune parue dans *Beaux-Arts* en décembre 2020 ; selon lui, notre culture semble même « être devenue rétroactive, tournant ses efforts sur le passé davantage que vers l'avenir[2] ». Si l'art contemporain fouille ses caves et ses greniers, dans un geste de réhabilitation nécessaire bien que tardif de tout un pan invisibilisé de l'histoire de l'art (comme le signalait l'exposition séminale « Les magiciens de la terre », au Centre Pompidou et à la Villette en 1989), la menace d'une guerre des images, indexée à une guerre des identités, flotte dans les circuits du monde de l'art. Pas forcément formulées selon des termes renvoyant à cette logique de l'affrontement, mais habitées par des formes de ressentiment et de frustration, les exigences et revendications pèsent sur le paysage institutionnel de l'art, qui, déjà lourdement marqué par les effets de la crise liée au Covid-19 (remettant en cause l'ensemble de ses modes d'existence économiques), tremble sous les effets d'une colère souvent légitime et d'une intimidation parfois problématique. Or, comme le remarque justement Nicolas Bourriaud, « loin de la juxtaposition de niches séparées, la tornade féministe et décoloniale qui secoue le monde de l'art doit aboutir à un récit partagé et pluriel[3] ». C'est à ce récit partagé et pluriel que le paysage de l'art aura intérêt à s'accrocher dans les années à venir, pour conjurer l'horizon menaçant de sa liquéfaction normative et de sa frilosité programmatique.

1. Voir Carole Talon-Hugon, *L'Art sous contrôle*, Paris, Presses universitaires de France, 2019.
2. Nicolas Bourriaud, « Plaidoyer pour un art universel » *Beaux-Arts*, décembre 2020.
3. Nicolas Bourriaud, *op. cit.*

BOOMERANG (GÉNÉRATION)

Des « parasites » aux « néo-Tanguy » : pourquoi la crise nous oblige à repenser collectivement le schéma transitionnel de passage à l'âge adulte et les relations entre générations.

ELENA SCAPPATICCI
Journaliste, responsable éditoriale

Connaissez-vous les « *parasaito shinguru* » – littéralement les « parasites célibataires » ? Apparu dans la foulée de la bulle spéculative japonaise de 1985 (la fameuse « *baburu keiki* »), nourri par la grave crise économique des années 1990, ce concept un brin moralisateur désignait, selon son créateur, Masahiro Yamada, professeur de sociologie à l'université Tokyo Gakugei, ces jeunes célibataires japonais ayant fait le choix de retourner vivre chez leurs parents avec comme but affiché, selon lui, de « profiter d'une vie insouciante et confortable ». Petit rectificatif *a posteriori* : ce retour au bercail forcé et contraint de centaines de milliers de jeunes actifs constituait surtout le premier effet social visible des conséquences désastreuses de la « *baburu keiki* ». D'abord pétrifiée face à l'invasion de ces néo-Tanguy, la société japonaise a dû se résigner à voir le phénomène s'amplifier à mesure que la crise économique perdurait : en 2000, le Japon recensait environ 10 millions de « *parasaito shinguru* »[1].

Si, contrairement au Japon, la France a relativement bien résisté à cette tendance, l'explosion, depuis quinze ans, des prix de l'immobilier dans les métropoles – à la vente comme à la location – couplée au recul toujours plus lointain de l'âge d'accès au premier emploi stable (vingt-sept ans aujourd'hui) a fait reculer l'âge de la décohabitation, qui est passé de vingt et un ans, en 2001, à vingt-trois ans, en 2015. Et probablement bien plus en 2021.

Évidemment, face au phénomène, tous les jeunes Français ne sont pas logés à la même enseigne. Pour le sociologue Louis Chauvel, le phénomène est indissociable du déclassement des classes moyennes, dont il a fait le cœur de ses recherches : « Le nerf de la guerre sociale qui se livre actuellement, c'est la capacité de ces jeunes actifs à payer eux-mêmes leur loyer ou à être propriétaires de leur logement. La distinction ne se fait plus sur la profession mais sur le patrimoine immobilier. Dans les métropoles, de plus en plus d'enfants des classes moyennes supérieures habitent dans des appartements achetés par leurs parents, mais pour tout un ventre mou qui va des classes ouvrières à la "fourchette" basse de la classe moyenne, cette stratégie est devenue absolument impossible[2]. »

LA CRISE LIÉE AU COVID-19, PUISSANT ACCÉLÉRATEUR DU PHÉNOMÈNE

La crise liée au Covid-19 a constitué un puissant révélateur de cette nouvelle stratification de classe basée sur la capacité – ou non – à pouvoir se loger : à titre indicatif, rien qu'à Paris, selon une étude de la Fondation Jean-Jaurès[3], 28 % des moins de trente-cinq ans auraient été contraints d'abandonner leurs logements loués à des coûts exorbitants

1. Frédérique Amaoua, « Au Japon, la génération "célibataires parasites" », *Libération*, 17 avril 2000.
2. Entretien avec l'auteure.
3. Jean-Laurent Cassely et Jérôme Fourquet, *L'exode sanitaire : nouvelle manifestation de la sécession des catégories supérieures*, Fondation Jean-Jaurès, 27 mars 2020.

durant le premier confinement, la plupart pour rejoindre le domicile parental. Le phénomène touche avec la même force l'ensemble de la société occidentale : aux États-Unis, on estime qu'environ 3 millions de jeunes Américains ont déjà vécu ce retour au bercail forcé – selon les données disponibles en juillet 2020[1]. Si le terme de « parasite » n'est plus tout à fait en vogue (Dieu merci), une autre appellation ayant le mérite de la neutralité axiologique – à défaut de l'originalité – lui a succédé pour désigner le phénomène – celui de « génération boomerang ». Mais sa dépréciation morale demeure toujours extrêmement prégnante dans les mentalités.

Selon Louis Chauvel, une telle défiance collective face au phénomène doit principalement au maintien de perceptions obsolètes du schéma transitionnel vers l'âge adulte : « Dans les années 1970, analyse-t-il, le modèle dominant [...] était fondé sur une transition presque immédiate des études, le plus souvent courtes, au monde du travail. D'un point de vue familial, l'indépendance résidentielle était rapide, en raison du coût modéré des logements en regard du niveau des salaires, et la génération était véritablement adulte dès l'âge de vingt-cinq ans [...]. Si ce modèle, maintenant plus éclaté, plus souvent réversible, s'éloigne dans le temps, il reste la figure de référence d'une transition aboutie dans la vie[2]. »

LA COHABITATION DES GÉNÉRATIONS, UNE ABERRATION ?

Mais qu'on se console : cette défiance française face à nos nouveaux Tanguy n'est rien comparée au regard que portent les Américains sur la « faillite » sociale de leur progéniture. Comme le résume lucidement – et cruellement – une jeune Américaine sur Twitter, outre-Atlantique, la cohabitation des générations demeure une « aberration » : « Les baby-boomers veulent des enfants, mais surtout pas que ceux-ci

1. Alice Huot, « Génération Boomerang : les jeunes retournent chez leurs parents, et pas seulement à cause de la crise », L'ADN, 6 juillet 2020.
2. Louis Chauvel, « Jeunes générations, inégalités et problèmes sociaux : chômeurs, décrocheurs, Neets, au Luxembourg et chez nos voisins », dans *Sozialalmanach Inegaliteiten*, Caritas, 2016, pp. 287-304.

se mettent en travers de leurs propres vies. Les enfants sont essentiellement quelque chose "que vous avez eu", pas que "vous avez". Vous avez fait votre part, maintenant ils doivent s'en sortir. »

On mesure encore mal l'impact psychologique que peut avoir un tel écart entre la résistance de ces perceptions et l'incapacité concrète, pour une grande majorité de jeunes diplômés, à réaliser ces attendus sociétaux. Mais, pour Louis Chauvel, il existe d'ores et déjà une « relation pathologique entre le modèle social reçu et la réalité à laquelle sont actuellement confrontés les jeunes Occidentaux » – un phénomène qu'il qualifie « d'effet cicatrice[1] ». Peu optimiste, le sociologue prédit l'émergence imminente d'une génération d'« *hikikomori* » européens. Le terme, également japonais, désigne ces jeunes – des hommes dans l'immense majorité – âgés de quinze à vingt-cinq ans qui vivent cloîtrés chez leurs parents, sans travailler ni poursuivre d'études ou entamer de démarche de formation. Au Japon, le phénomène touche environ un demi-million de personnes. Et il prendrait de l'ampleur en France.

« NI FOU NI HAINEUX », MAIS PROFONDÉMENT DÉBOUSSOLÉS

« Ni fou ni haineux », l'un d'eux, interrogé par la journaliste Virginie Skrzyniark dans son enquête parue dans *L'Express* en février 2019, avouait « ne pas avoir la force de se battre pour se faire une place dans la société[2] ». « Ermites des temps modernes », ces « *hikikomoris* » gaulois n'ont pas toujours de pathologies identifiées, mais, chez beaucoup, cette claustration volontaire s'accompagne de nombreuses phobies, de troubles alimentaires et, dans les cas les plus graves, de pensées morbides. « C'est comme si ces jeunes gens n'arrivaient pas à devenir des adultes », note la psychanalyste Natacha Vellut, interviewée par Viriginie Skrzyniark. « Déboussolés par les injonctions sociales qui pèseraient sur les jeunes mâles, ceux-là préféreraient s'arrêter au seuil de la vie adulte, sans y entrer. »

1. Entretien avec l'auteure.
2. Virginie Skrzyniarz, « Reclus et sans projet : qui sont les Hikikomori français? », *L'Express*, 3 février 2019.

Pour penser – et panser – les plaies de nos jeunes, il y a donc urgence à réactualiser collectivement notre logiciel mental. D'autant que leur situation sociale se dégrade de jour en jour. Comme le rappelait le think tank Bruegel en décembre 2020 dans un billet pour le moins alarmiste, les suites économiques de la pandémie laisseront nombre de jeunes Européens sans emploi, avec des conséquences économiques et sociales durables[1]. Sans compter le spectre de la dette à venir qui se profile, une fois la crise sanitaire surmontée. On comprend dès lors l'accueil plus que mitigé qu'a reçu la proposition faite par le député général de LREM Stanislas Guerini le 25 janvier 2020 de créer « dès que possible » un prêt à taux zéro pour chaque jeune de dix-huit à vingt-cinq ans, une sorte de « capital jeune » pour se lancer dans la vie. Perçue comme une couche d'endettement supplémentaire pour beaucoup, cette proposition semble pourtant séduire l'exécutif, bien davantage que la généralisation du RSA aux moins de vingt-cinq ans – une solution défendue par une large partie de la gauche.

« Pour penser – et panser – les plaies de nos jeunes, il y a donc urgence à réactualiser collectivement notre logiciel mental.

UNE SOLIDARITÉ INTERGÉNÉRATIONNELLE DÉJÀ PRÉSENTE DANS LA SPHÈRE INTIME

Ces deux propositions répètent pourtant le même écueil : se concentrer uniquement sur une tranche d'âge sans prendre en compte le fait que les clivages de classe au sein de la cohorte des 18-25 ans sont très largement liés aux nouveaux clivages qui structurent les générations précédentes. Un malentendu qui doit largement au maintien de perceptions centrées sur le « choc » prétendu des générations, au mépris de la réalité statistique.

Dans les faits, dès 2018, plus de 80 % des parents français apportaient déjà un soutien à leurs enfants âgés de dix-huit à dix-neuf ans,

1. Monika Grzegorczyk et Guntram B. Wolff, « The scarring effect of Covid-19: youth unemployment in Europe », Bruegel, 28 novembre 2020.

notamment pour financer leur logement[1]. De l'autre côté du spectre, la plupart des études réalisées sur les jeunes adultes démontrent le retour d'un fort attachement à la cellule familiale, redevenue une source de soutien affectif et moral très forte, notamment pendant la pandémie. Les jeunes expriment également une solidarité croissante envers leurs aînés. Cette solidarité n'a fait que croître lors du confinement : une première étude d'opinion réalisée par le site Silvereco en juin 2020 indiquait une augmentation de 40 % des intentions de solidarité intergénérationnelle chez les 18-24 ans.

MAIS ENCORE BALBUTIANTE DANS L'ACTION PUBLIQUE

Demeure pourtant cet écart persistant entre la réalité des pratiques dans la sphère intime – une importance croissante accordée à la famille et un resserrement des liens intergénérationnels – et un débat public gangrené par l'éternelle rengaine de la lutte des âges – qui empêche les décideurs publics de tirer les enseignements de ces mutations sociétales. « Il faudrait parvenir à dé-domicilier cette solidarité, indique le journaliste et essayiste Vincent Cocquebert, auteur de *Millennnial Burn-Out*[2]. Aujourd'hui, nous assistons à une sorte de privatisation des solidarités intergénérationnelles, symptomatique de l'archipellisation de notre société. Nous devons parvenir à comprendre que les bouleversements actuels, au sein de la famille, nous indiquent un mode d'organisation sociale et des types de solidarité qui fonctionnent et pourraient être déclinés à plus grande échelle, voire faire l'objet d'un nouveau pacte générationnel. »

« Aujourd'hui, nous assistons à une sorte de privatisation des solidarités intergénérationnelles, symptomatique de l'archipellisation de notre société.

1. Erwan Pouliquen, *Depuis 2000, la part des 18-29 ans habitant chez leurs parents augmente à nouveau*, Insee Première n°1686, 1er mars 2018.
2. Vincent Cocquebert, *Millennnial Burn-Out, X, Y, Z… Comment l'arnaque des « générations » consume la jeunesse*, Paris, Arkhê, 2019.

CHAISE PLIANTE

Objet symbole du confinement, la chaise pliante incarne la nouvelle façon de « vivre avec un virus ». Un outil d'improvisation permanente et d'hyper-mobilité qui parle des nouvelles figures de l'individu.

JÉRÉMIE PELTIER
Directeur des Études de la Fondation Jean-Jaurès

Quel est le point commun entre Claude Brasseur dans le film *Camping*, un pêcheur sur les bords de Loire et le rappeur et acteur de la série *Validée*, Hatik ? La réponse tient en deux mots et sur quatre pieds : une chaise pliante.

Longtemps astreint à l'univers du camping, de la pêche et de la chasse, ce strapontin un peu ringard s'est métamorphosé en 2020, dépassant l'imaginaire plutôt rural qu'on lui connaissait pour conquérir l'univers du rap et des cités populaires des grandes villes de France et devenir ainsi un produit tendance (expliquant sa présence dans ce Cahier) au même titre que les gourdes en inox ou les paddles.

Cette métamorphose s'est traduite en chiffres : parmi les produits les plus tendances de l'été 2020, les chaises pliantes figuraient en bonne place[1]. L'enseigne Decathlon a noté une croissance des ventes à deux chiffres de ses produits de marque Quechua à partir de la fin du premier confinement (chaises vendues à partir de dix euros l'unité), au point que le magazine *Society* en fit une longue et brillante analyse dans l'un de ses numéros « star » de l'été consacré à l'affaire Xavier Dupont de Ligonnès[2].

Si l'on peut expliquer cet attrait soudain par quelques raisons objectives liées à l'influence de certains rappeurs, il apparaît surtout que la chaise pliante cristallise à elle seule différentes tendances de l'époque.

UNE RÉPONSE AU SUR-MESURE ET À LA DEMANDE DE MOBILITÉ

En effet, il ne fait aucun doute que la chaise pliante comporte des caractéristiques lui permettant d'être en phase avec les standards de l'époque, à commencer par la demande de mobilité et de liberté de mouvement. Ainsi, au même titre que le téléphone portable nous a fait délaisser le téléphone fixe (95 % des Français possèdent un téléphone portable[3], tandis que le réseau Orange démantèle petit à petit son réseau branché sur les vieilles prises « T »), la chaise pliante finira par ringardiser les bancs publics et autres mobiliers fixes qui vous assignent à résidence. En effet, la chaise pliante vous permet de vous installer où vous voulez, quand vous voulez, au plus près de la mer ou de vos amis. Elle répond ainsi à la demande de sur-mesure et d'instantané propre à l'époque, auxquels Deliveroo et Uber ont déjà apporté les premières réponses.

> « La chaise pliante cristallise à elle seule différentes tendances de l'époque.

1. Frédéric Bianchi, « Chaises pliantes, gourdes, paddles : les produits stars de l'été », BFMTV, 22 août 2020.
2. « Assis-soient-ils », Pierre-Philippe Berson, *Society*, n° 137, du 6 au 19 août 2020.
3. Julie Baillet, Patricia Croutte et Victor Prieur, « Baromètre du numérique 2019 », Crédoc, novembre 2019.

Elle vient, en outre, compléter la panoplie de l'individu mobile et libre, déjà doté de son téléphone portable et de son enceinte connectée.

UNE RÉPONSE AU CHANGEMENT DE MOBILIER URBAIN

Mais si la chaise pliante a de grandes chances de ringardiser les bancs publics, c'est aussi parce que ceux-ci ont tendance à disparaître ou à devenir tout simplement inconfortables dans l'espace public. Ainsi, l'attrait pour la chaise pliante, notamment au pied des HLM des quartiers populaires, pourrait s'expliquer par la faible – trop faible – présence de bancs dans ces territoires. En effet, pour des raisons d'ordre public, la politique de rénovation urbaine des quartiers au début des années 2000 avait notamment pour objectif de limiter les attroupements. Conséquence : les bancs publics ont eu tendance à être tout bonnement supprimés, obligeant les habitants des quartiers à trouver des alternatives. La chaise pliante en est une.

> Des chaises pliantes aux toilettes pliantes, il n'y a qu'un pas ?

Par ailleurs, la mise à mal des bancs publics est un phénomène qui dépasse largement les quartiers populaires. La dernière décennie a, en effet, été le théâtre d'une grande créativité de la part de maires de grandes métropoles pour imaginer les bancs les plus inconfortables possible afin d'empêcher les personnes sans-abri de s'y installer. En 2014, Angoulême a, par exemple, grillagé une dizaine de bancs pour barrer leur usage aux indésirables. En outre, on ne compte plus les bancs dotés d'un accoudoir en leur milieu, des bancs hybrides ni assis ni debout, ou encore des bancs à la surface plane et inclinée[1].

La chaise pliante vient alors combler un manque et un défaut de confort. Elle compense donc l'absence d'endroits pour se reposer, d'autant plus quand les bars et autres restaurants sont fermés pour raisons sanitaires.

1. Isabelle Hennebelle, « Le banc public, assise du vivre-ensemble », *Le Monde*, 24 juillet 2020.

D'ailleurs, alors que la fermeture de ces derniers a fortement fait chuter le nombre de lieux pour uriner accessibles dans les grandes villes[1], la nouvelle vie de la chaise pliante laisse à penser que l'on inventera un jour son équivalent pour s'adapter à toute envie pressante. Des chaises pliantes aux toilettes pliantes, il n'y a qu'un pas ?

UNE LOGIQUE DE RÉAPPROPRIATION CULTURELLE

Ce qui est très intéressant avec la chaise pliante, c'est que l'appropriation culturelle se fait ici de façon inversée. En effet, quand la culture urbaine a eu tendance à imprégner l'ensemble du territoire national (langage, musique, vêtements) et même les classes sociales les plus favorisées, ici, c'est l'inverse qui se produit. Un objet issu d'une France plutôt rurale et des campagnes (si l'on pense à son utilisation dans les activités de plein air comme la pêche et la chasse) s'exporte désormais dans les quartiers populaires. La chaise pliante a donc changé de rayon, est sortie de son couloir et a élargi son assiette de consommateurs, comme l'écrit Pierre-Philippe Berson, journaliste à *Society*, dans son article[2] devenu désormais une référence sur le sujet : « En France, Decathlon a préempté le créneau avec sa collection estampillée Quechua. Preuve de sa popularité, dans le magasin de Montreuil, elle a délaissé son obscur rayon d'origine, "Chasse, pêche, camping", pour trôner en majesté dans l'allée centrale, cernée par ces grands classiques de l'été que sont les raquettes de ping-pong et les maillots de bain. »

Les bobos ont volé le verlan, tandis que les banlieusards ont hérité de la chaise pliante.

Les bobos ont volé le verlan, tandis que les banlieusards ont hérité de la chaise pliante.

1. Sacha Nelken, « Toilettes publiques. Citadins recherchent petit coin désespérément », *Libération*, 12 janvier 2021.
2. *Op.cit.*

LE SYMBOLE D'UNE CONSOMMATION DICTÉE PAR LE RAP ET LES RÉSEAUX SOCIAUX

Si la chaise pliante est une tendance de l'époque, c'est aussi dans la façon dont elle est parvenue à susciter l'engouement. En effet, elle rejoint la longue série d'objets sur lesquels se sont rués les consommateurs après un buzz sur les réseaux sociaux (on s'arrache les moufles du sénateur américain Bernie Sanders) ou suite à la popularité d'une série Netflix (les ventes des échiquiers ont été dopées par la série *Le Jeu de la dame*).

Pour la chaise pliante, c'est le rap qui a joué le rôle de produit dopant, notamment le rappeur Hatik, qui a fait de la chaise pliante un objet emblématique de ses chansons et de ses clips. Résultat : une popularité de l'objet chez les adeptes de cette culture.

UN OUTIL POUR LE BUSINESS DU DEAL

Il y a évidemment une partie plus sombre dans l'explication de cet engouement pour la chaise pliante. En effet, la chaise pliante est devenue un outil idéal pour les dealers et autres guetteurs. Au lieu d'attendre debout, la chaise pliante permet d'effectuer son travail dans de meilleures conditions. En outre, sachant que les dealers les plus expérimentés d'Île-de-France sont désormais envoyés dans d'autres régions pour prêter main-forte aux territoires en manque de main-d'œuvre[1], la chaise pliante a cet avantage d'être transportable dans le train ou dans le coffre d'une voiture. Les dealers sont alors installés dans les mêmes conditions, que l'on soit dans les rues de Vannes, de Lille ou de Toulouse. Les territoires changent mais les méthodes demeurent. Ce qui signifie malgré tout que le chemin peut être court entre la chaise pliante et le banc des accusés. Et que la légalisation du cannabis pourrait du jour au lendemain mettre la chaise pliante sur le banc de touche.

1. Ronan Folgoas, « Trafic de drogue : quand des dealers d'Île-de-France font les intérimaires en province », *Le Parisien*, 9 janvier 2021.

UN OUTIL D'AVENIR POUR S'ADAPTER AUX CRISES

Enfin, si la chaise pliante est devenue un symbole du premier confinement et du début de la pandémie, c'est aussi parce qu'elle incarne bien la nouvelle façon de « vivre avec un virus ». En effet, objet modulable et mobile par excellence, la chaise pliante correspond parfaitement à une époque faite de *« stop and go »*, où les périodes de confinement et hors confinement alternent successivement. Pour résumer, la chaise pliante est l'arme idéale pour vivre en improvisation permanente, sans savoir de quoi l'avenir sera fait, entre télétravail et travail au bureau, télétravail en ville ou télétravail en province.

La chaise pliante est l'arme idéale pour vivre en improvisation permanente.

Elle a cette faculté de répondre à différents types de situations. Dans une époque où nous serons amenés, beaucoup plus que par le passé, à « négocier avec le milieu extérieur qui se renouvelle sans cesse[1] », la chaise pliante fait partie des nombreux objets qui savent s'adapter en toutes circonstances. En somme, la chaise pliante permet de plier bagage rapidement, sur un coup de tête, un coup de cœur ou un coup de tonnerre.

Il est ainsi fort à parier que la chaise pliante a un bel avenir devant elle. Peut-être qu'afin d'éviter la propagation d'un nouveau variant lors de l'été 2021, on fera l'école aux enfants dans les parcs et jardins, chacun venant avec sa chaise pliante bien propre et bien à soi sous le bras.

Ce qui est certain, c'est qu'à l'aune de l'interdiction totale de la chasse – qui arrivera un jour – et de probables manifestations contre les pêcheurs – que l'on finira par juger insensibles à la souffrance animale – la chaise pliante s'est trouvée une seconde vie inespérée lui permettant de gagner encore quelques années d'existence, jusqu'à ce que les amoureux se décident de nouveau à se bécoter sur les bancs publics.

1. Alexandre Lacroix, « Renverser Descartes », *Philosophie magazine*, n° 146, février 2021.

COMPLOTISME

La montée du complotisme pousse à profondément interroger le statut de la vérité dans nos sociétés démocratiques. Elle est l'un des symptômes majeurs de la difficile recherche par l'homme de son autonomie moderne.

EVA ILLOUZ
Directrice d'études à l'EHESS

SAMUEL LEENHARDT
Étudiant à l'EHESS, Master Études politiques

Le 31 mars 2020, Eduardo Moreno, ingénieur et conducteur de train travaillant au port de Los Angeles, décide de passer à l'action. Depuis cinq jours, un navire hôpital, l'*USNS Mercy*, stationne dans le port. On dit qu'il a été envoyé par la Navy pour décharger les services hospitaliers de la ville, débordés par l'épidémie de Covid-19. Mais, Eduardo Moreno a des doutes, comme il le confiera aux inspecteurs du FBI, il se demande si le navire n'est pas là pour une autre raison, plus obscure. Peut-être quelque chose qui aurait à voir avec un coup d'État. À la fin de sa journée de travail, et après avoir longuement ressassé ces pensées, l'ingénieur allume une fusée éclairante, la brandit et s'élance dans sa locomotive en direction du navire. Pour atteindre sa cible, la locomotive devrait traverser un terrain vague, un parking et un cours d'eau. Sans rails, elle s'arrête avant de parvenir au parking : le plan était bancal et visiblement improvisé. Mais, voilà, il fallait bien tenter quelque chose, ne serait-ce que pour attirer l'attention sur ce qui se trame *vraiment*.

On commence à être habitué à ce genre de faits divers qui semblent tout droit sortis d'un scénario hollywoodien. Après tout, nous avons assisté il y a peu au spectacle d'un shaman s'installant à la tribune du Congrès américain. Mais, gardons-nous de sortir le pop-corn pour profiter du spectacle, s'il était facile de se moquer de la figure du complotiste quand elle se résumait à l'hurluberlu qui mettait en doute la réalité de l'alunissage ou la rotondité de la Terre, nous avons maintenant des complotistes qui passent à l'acte.

> Cette métamorphose de la figure du complotiste – d'aucuns parleraient de sa radicalisation – mérite d'être interrogée.

Cette métamorphose de la figure du complotiste – d'aucuns parleraient de sa radicalisation – mérite d'être interrogée. Le complotisme procède d'une suspicion radicale. Or, on aurait tendance à penser que le sceptique, qui se méfie de tout, est un être qui doit avoir les plus grandes peines du monde à formuler un jugement suffisamment définitif pour permettre un passage à l'action. C'est bien ce qui devrait nous interpeller dans l'histoire d'Eduardo Moreno. Comment cet homme est-il passé d'un doute sur la réalité de la « version officielle » à une conviction assez forte pour le pousser à risquer sa vie? L'ambiguïté symbolique de la scène est par elle-même riche en interrogations : s'agissait-il de pénétrer au cœur de ténèbres inconnues pour les éclairer à la torche, ou bien d'une tentative pour détruire ce que l'on sait être l'incarnation du Mal?

Pour ironique que paraisse la question, elle mérite d'être posée. Car il est de la plus haute importance que nous soyons capables de distinguer entre ce qui relève d'une méfiance à l'égard des autorités politiques et épistémiques qui, même quand elle est irrationnelle, doit être traitée comme légitime *a priori* et ce qui relève d'une foi – politique ou religieuse –, dont on peut craindre qu'elle entraîne des passages à l'acte terroriste.

Disons-le simplement : nous avons une catégorie qui désigne à la fois une rhétorique qui est en passe de devenir une des modalités centrales du discours d'opposition dans notre espace public et des groupes que les services secrets américains qualifient maintenant de « terroristes nationaux ». Être capable de distinguer entre les deux et de rendre compte des conditions selon lesquelles on peut penser un passage de l'un à l'autre est au cœur de l'avenir de nos démocraties.

En effet, la vitalité d'une société démocratique s'estime non à sa capacité de produire du consensus, mais à celle de pacifier le conflit social, c'est-à-dire à en organiser l'institutionnalisation dans le jeu politique. En ce sens, c'est moins le complotisme qui est inquiétant en lui-même que notre incapacité manifeste à apporter une réponse cohérente à la crise épistémique qui le sous-tend, incapacité qui attise le conflit social. On pourrait même avoir l'impression qu'à certains égards le remède proposé ne fait qu'empirer le mal. Ainsi, une étude récente[1] a remarqué que le *fact-checking* des propos de Donald Trump effectué par Twitter depuis quelques mois tendait à renforcer l'adhésion de ses partisans aux *fake news* qu'il colportait.

> C'est moins le complotisme qui est inquiétant en lui-même que notre incapacité manifeste à apporter une réponse cohérente à la crise épistémique qui le sous-tend, incapacité qui attise le conflit social.

Il nous faut donc faire attention à la façon dont nous répondons à l'épreuve que représente la montée du complotisme. En particulier, soyons attentifs au fait que cette épreuve nous invite à interroger le statut de la vérité, et donc de la science, dans les sociétés démocratiques modernes. Car le moteur de l'interpellation complotiste, c'est bien l'idée que les élites politiques et épistémiques imposent non une vérité d'ordre scientifique mais un dogme qui empêcherait, supposément, le développement de l'esprit critique. Il y a là comme une redite de la scène originaire de la modernité : la critique du dogmatisme clérical, qui procède, selon Karl Mannheim, de la naissance d'une

1. Dino P. Christenson, Sarah E. Kreps et Douglas L. Kirner, « *Contemporary Presidency*: Going Public in an Era of Social Media: Tweets, Corrections and Public Opinion », *Presidential Studies Quaterly*, vol. 51, n°1, mars 2021.

« intelligentsia affranchie [qui] se recruta dans des couches sociales elles-mêmes en recomposition permanente et à partir de situations toujours modifiées, son mode de pensée ne subissant plus les ingérences régulatives d'un appareil formé en caste[1] ».

Sans doute l'avènement d'Internet et des réseaux sociaux a-t-il accentué la possibilité de se vivre comme faisant partie d'une intelligentsia affranchie. Mais ce phénomène s'inscrit dans une tendance de long terme qui travaille les sociétés modernes dès lors qu'elles se structurent autour d'un accroissement de la mobilité sociale et font de l'autonomie, et donc de la démocratisation de l'accès au savoir et aux moyens de sa diffusion, un impératif. On ne saurait donc s'étonner de l'apparition d'un conflit social entre les opinions des élites expertes et celles de citoyens qui prétendent à une forme d'expertise. Et il faut prendre garde à ce que la réaction des élites expertes ne soit pas une « panique morale[2] ». Car ce genre de réaction purement défensive, qui vise à désigner un groupe lâchement défini comme une menace pour les valeurs de la société, ne peut que renforcer la polarisation de la situation. Rappelons-nous qu'à l'origine de l'interpellation complotiste, il semble y avoir une sensibilité démocratique moderne.

On peut, par contre, s'inquiéter du fait que, tout comme les premières critiques du dogmatisme religieux avaient abouti à un athéisme dogmatique, l'esprit critique du complotiste semble le rendre vulnérable à un retour vers un phénomène de croyance. Autrement dit, il faut se demander ce qui dans la structure même de l'esprit critique moderne peut conduire à sa dégradation.

On se proposera d'aborder ce problème à partir de la notion, développée par Hans Blumenberg[3], de « concept de réalité ». L'intérêt de cette dernière est de permettre de penser la déclinaison dans l'histoire, mais aussi au sein des consciences individuelles, du rapport à la réalité.

---

1. Karl Mannheim, *Idéologie et Utopie*, Paris, MSH, 2006, p. 10.
2. Stanley Cohen, *Folks devils and Moral Panics*, Londres, MacGibbon and Kee, 1972.
3. Hans Blumenberg, *Le Concept de réalité*, Paris, Seuil, 2012.

Hans Blumenberg distingue ainsi, entre autres, le concept de réalité religieux de son pendant moderne.

Le premier se caractérise, non par l'absence de doute, mais par sa limitation : il fait intervenir un « garant de la réalité », qui est objet de foi. Cette garantie réduit l'étrangeté du monde, et rend possible une stabilisation du rapport à la réalité, permettant une conduite pratique orientée par la morale offerte par le garant.

Le concept moderne de réalité, au contraire, se caractérise par l'instabilité : il comprend la « réalité comme résultat d'une réalisation, en tant que fiabilité se constituant dans la succession, en tant que consistance jamais définitivement ni absolument admise – fiabilité et consistance restant toujours dépendantes de tout futur, où des éléments peuvent surgir qui pourraient faire éclater la consistance en cours jusqu'alors et renvoyer ce qui jusque-là était reconnu comme réel dans l'irréalité[1] ». C'est ce renvoi de la réalité à la dimension du futur qui permet l'entreprise scientifique, laquelle conçoit la vérité à partir de la « perspective d'erreurs rectifiées[2] », c'est-à-dire comme jamais définitive.

Deux conditions paraissent alors nécessaires au maintien de ce concept de réalité.

D'abord, il présuppose une certaine relativisation du statut moral de l'erreur et du mensonge. Car la première doit être conçue comme un moment inévitable dans le devenir de la connaissance humaine, tandis que le mensonge doit être toléré. Comme le dit Nietzsche, « là où l'on ne peut rien savoir de vrai, le mensonge est permis[3] » : est-ce toujours mentir que d'affirmer une vérité que l'on sait pouvoir être rectifiée ?

> Il faut enquêter pour résister aux manipulations du complot.

Ensuite, on voit que le maintien du concept de réalité moderne est suspendu à une performance qui doit toujours être renouvelée. Celle-ci, on pourrait la comprendre

1. Hans Blumenberg, *Le Concept de réalité*, *op. cit.*, p. 43.
2. Gaston Bachelard, *La Formation de l'esprit scientifique*, Paris, Vrin, 1983, p. 10.
3. Friedrich Nietzsche, *Le Livre du philosophe*, Paris, Flammarion, 2014.

comme pratique de l'enquête ou de l'esprit critique, permet à un sujet de corriger le contenu de sa réalité dans la confrontation avec la réalité objective et ses énigmes. La répétition de cette performance est ce qui atteste de la capacité du sujet à laisser ouverte sa conception de la réalité, et donc à s'accommoder de l'incertitude sans recourir à une garantie de réalité : c'est ce qui fonde la possibilité de son autonomisation. Mais, attirons l'attention sur le fait que, cette performance devant être itérative – elle s'apparente en cela à un rituel –, elle représente une autocontrainte.

Or, si l'esprit critique est un rituel, la théorie du complot semble le mettre au service d'une obsession. En effet, le rituel de l'esprit critique, ou de l'enquête, n'y apparaît plus que comme un moyen de lutter contre la menace représentée par l'objet complot, dont le caractère effroyable ne peut être conjuré que par la répétition obsessionnelle du même acte. Ce qui était une autocontrainte en vient à être perçu comme une contrainte imposée de l'extérieur : il faut enquêter pour résister aux manipulations du complot. Le sujet complotiste sent bien la nécessité de prendre du recul, d'enquêter, mais il ne parvient pas à la faire sienne : elle est forcée par la présence de l'agent manipulateur. Ainsi, son enquête, ayant pris une forme paranoïaque ou inquisitoriale, ne peut pas lui permettre de s'engager dans un processus d'autonomisation, qui impliquerait que sa conception de la réalité puisse à nouveau être corrigée. Elle est comme bloquée par l'obsession du Mal.

« La montée du complotisme témoigne d'un désir, moderne par excellence, de rejouer la scène originelle de l'accession à la majorité, de l'émancipation du tuteur.

Le risque est alors que la contrainte de répétition critique apparaisse comme ce dont on pourrait se débarrasser en même temps que du complot. En particulier, plus la figure du complot sert à incarner la présence du Mal radical, plus elle se comprend comme origine unique de tous les mensonges et illusions, et moins elle permet de penser la possibilité de la liberté au sein de ce qui est. En ce sens, la théorie du complot, parce qu'elle fait intervenir une entité malfaisante aux intentions manipulatrices, invite à fétichiser un moment de libération définitive qui interviendrait au terme de l'enquête. Elle conduit à espérer une fin rassurante où la vérité serait définitivement admise, ôtant toute nécessité au rituel.

C'est là le paradoxe de la pensée complotiste, pour laquelle la pratique de l'enquête n'est plus ce qui autonomise le sujet, puisqu'au contraire la nécessité d'enquêter atteste du fait qu'il s'inscrit dans une situation où sa liberté est rendue impossible par le complot.

Ce mouvement par lequel un sujet en quête d'autonomie en vient à fantasmer une libération qui garantirait à nouveau la réalité est clairement identifiable dans le développement fascisant de QAnon. Car ce groupe s'est constitué autour d'une pratique investigatrice et interprétative des « Q drops » ou « Q crumbs », messages cryptiques postés par Q sur des forums Internet. On y retrouve l'élément central de la rhétorique complotiste : « Je fais mes propres recherches, je développe mon esprit critique… » Et, en effet, ce milieu se caractérise, à première vue, par une grande tolérance pour l'interprétation personnelle qui vient justifier l'opposition au dogmatisme et fonder un sentiment d'appartenance au groupe. Mais, rapidement, les interprétations se stabilisent autour d'une figure qui incarne le Mal absolu : la cabale pédo-sataniste. Pour expliquer comment peuvent coexister un sentiment d'autonomie de l'interprétation et un dogme qui assure l'homogénéité idéologique du groupe, un spécialiste en design ludique propose de considérer QAnon comme un jeu de piste qui se jouerait de ses joueurs[1]. Le maître du jeu fournit, en effet, en même temps que les indices à interpréter, une toile de fond structurée par un conflit manichéen entre l'administration Trump et « l'État profond ». Les joueurs ne peuvent dès lors qu'aboutir aux conclusions désirées : celles qui les conduisent à percevoir leur enquête comme le moment qui précède un « Grand Réveil », où la vérité éclatera définitivement, car le Mal aura été vaincu.

> Une note optimiste : le 20 janvier, QAnon est mort.

1. Reed Berkowitz, « A Game Designer's Analysis of QAnon », *Medium*, 30 septembre 2020.

C'est ainsi que les mois succédant à l'élection américaine ont été, pour les QAnonistes, l'occasion d'une grande enquête collective visant à établir avec certitude la réalité de la fraude électorale démocrate. L'échec de l'administration de la preuve a été interprété comme la preuve définitive de la corruption des élites. L'enquête devait donc culminer le 20 janvier, par l'intervention de l'armée, supposée dernière garante de la Constitution, et donc de la Vérité.

Du désir de se sentir autonome, on est passé à l'attente d'une rédemption par le coup d'État militaire.

Soyons attentifs à ne pas laisser s'installer la métaphore de la *« red pill »*[1], qui fait du renvoi de ce qui était tenu pour réel à l'irréalité, dont on doit toujours admettre la possibilité, un acte qui est toujours derrière celui qui le professe.

La montée du complotisme témoigne d'un désir, moderne par excellence, de rejouer la scène originelle de l'accession à la majorité, de l'émancipation du tuteur. C'est la structuration même de nos sociétés qui fait naître une aspiration à l'autonomie ; mais si leur réalité ne se révèle pas à la hauteur de l'idéal, il est à craindre qu'un nombre de plus en plus important de nos concitoyens perçoivent les exigences de l'autonomie comme trop lourdes à porter et y renoncent par l'invocation de figures mythiques.

Finissons cependant sur une note optimiste : le 20 janvier, QAnon est mort. On ne saurait douter qu'il se recomposera selon de nouvelles modalités, car il traduit une tension profonde de nos démocraties. À l'heure actuelle, un rapprochement avec le mouvement des « Sovereign Citizens », dont la parenté avec des milices d'extrême droite est attestée, est son devenir le plus probable. Mais le fait est que, devant l'absence d'intervention de l'armée, certains QAnonistes

1. Dans le film *Matrix* (1999), le protagoniste principal, Néo, se trouve confronté à un dilemme : prendre la pilule rouge pour sortir de la simulation informatique qu'est sa réalité et découvrir la vérité d'un monde dominé par les machines, ou prendre la pilule bleue et se rendormir en oubliant tous ses doutes. Cette métaphore a acquis une certaine popularité et est désormais utilisée pour signifier le processus par lequel on remet en question la « version officielle » (*redpilling*), et l'état de ceux qui s'en sont distanciés (*redpilled*).

ont pris conscience qu'ils étaient manipulés et se sont désolidarisés. Ont-ils pour autant remis en question l'existence d'une incarnation du Mal radical ? Il est trop tôt pour le dire. Mais si la figure unique du Mal se diffracte, si la manipulation semble commencer à émaner de divers points de l'espace social aux intérêts divergents, alors on peut espérer que la critique complotiste s'affine et perde de son caractère obsessionnel. Plus précisément, on peut espérer qu'elle en vienne à se saisir elle-même comme une idéologie en concurrence avec d'autres idéologies, et non plus comme une foi politique ; c'est-à-dire qu'elle relativise sa prétention à la vérité.

Dans une vidéo postée le 20 janvier sur YouTube, mais supprimée depuis, Serviteur de paix, complotiste revendiqué, affirmait ainsi la chose suivante : « Méfiez-vous de ceux qui vous vendent l'espoir de la libération pour demain. Le Grand Réveil est un processus qui s'inscrit dans le temps long. »

COUR D'ÉCOLE

Les réflexions portant sur la cour d'école visent à remettre de la coopération et de l'égalité dans ces espaces, y concentrant plusieurs des enjeux les plus actuels autour du genre.

JOHANNA DAGORN

Chercheuse associée au laboratoire LACES, université de Bordeaux, codirectrice des *Cahiers de la LCD*

L'école, comme toute institution, reproduit les normes de genre, qui sont à relier notamment aux représentations stéréotypées qui se forgent dès la prime enfance chez les garçons et les filles. La valorisation des stéréotypes masculins (recherche de la performance, virilité…) est souvent intériorisée dès le plus jeune âge. La socialisation des garçons dessine deux groupes bien distincts : ceux qui arrivent à montrer leur force, à être les plus forts, les plus virils ; et les autres qui risquent d'être déclassés. Aux premiers, les « médailles de virilité[1] », aux autres, l'opprobre. Les démonstrations de force, les

1. Sylvie Ayral, *La Fabrique des garçons. Sanctions et genre au collège*, Paris, Presses universitaires de France, 2011.

bagarres fréquentes, les insultes à caractère sexiste et homophobe constituent le quotidien de nombreux garçons au collège[1]. Et certains de ces jeux[2] montrent à quel point il est crucial de ne pas figurer dans la catégorie du féminin. Ici, sexisme et homophobie se conjuguent et dessinent une cartographie de la classe, du groupe de pairs, de la cour de récréation et des activités périscolaires fortement marquée par l'hétérosexisme[3]. Or, depuis les travaux inhérents au climat scolaire[4], il est possible d'envisager ces inégalités de genre et ces inégalités sociales de manière concertée en croisant les axes du climat scolaire et celui des égalités.

ÉGALITÉ ET AXES DU CLIMAT SCOLAIRE

L'approche par le climat scolaire rappelle que le versant éducatif, conformément aux missions de l'école, n'est plus déconnecté du cognitif, réfutant ainsi la célèbre dichotomie entre « instruire » et « éduquer ». Il existe sept axes développés dans le climat scolaire qui

1. Virginie Houadec, *Le genre et les modèles amoureux dans la littérature de jeunesse : éléments de compréhension de l'éducation sentimentale des jeunes en France*, thèse de doctorat en sociologie, université de Toulouse 2, 2013.

2. Certains « jeux » consistent à presser les parties génitales de certains garçons (nommé « chat-bite »), ou à mettre la main aux fesses des filles devant le groupe de pairs (« chat-cul »).

3. Caroline Dayer et Arnaud Alessandrin, « Entre survisibilité et invisibilité : police et transgressions de genre dans le contexte scolaire », *InterCommunications*, vol. 1, 2015, pp. 83-100.

4. Si cette notion est ancienne (Arthur Perry, *The management of a city school*, New York, Macmillan, 1908), elle est apparue tardivement dans le paysage français, avec le directeur de l'Observatoire international de la violence à l'école Éric Debarbieux, fin 1980. Le climat scolaire reflète le jugement qu'ont les parents, les éducateurs et les élèves de leur expérience de la vie et du travail au sein de l'école. Pour autant, il ne s'agit pas d'une simple perception individuelle. Cette notion de « climat » (appelé parfois « atmosphère », « tonalité », « cadre », ou encore « milieu ») repose sur une expérience subjective de la vie scolaire qui prend en compte non pas l'individu mais l'école en tant que groupe large et les différents groupes sociaux au sein de l'école, selon la définition du National School Climate Center. En cela, il s'agit d'une approche systémique de l'école, selon la délégation ministérielle en charge de la violence à l'école dirigée par Éric Debarbieux de 2012 à 2014. Ce sont donc les différentes dimensions, les facteurs explicatifs et compréhensifs, agissant sur ce climat scolaire, qui importent.

sont la stratégie d'équipe, la lutte contre le harcèlement, le cadre de vie, la coopération, la co-éducation, la justice scolaire et les pratiques partenariales[1]. Dans cette approche systémique de l'école, la classe et la cour de récréation ne sont plus dissociées, mais envisagées de manière interdépendante. Depuis les travaux pionniers de Claude Zaidman en 1996[2] et de Julie Delalande en 2001 dans *La Cour de récréation. Pour une anthropologie de l'enfance*[3], on mesure l'importance de l'architecture scolaire et des interactions entre enfants, en montrant qu'elle est aussi un « terrain d'apprentissage », pour reprendre l'expression de Julie Delalande dans l'ouvrage précité. Moins encline à la régulation, elle peut être source de violences, d'ostracisme, de harcèlement et de discrimination[4]. Depuis 2005, la loi sur l'inclusion[5] envisage la participation de toutes et tous selon une approche citoyenne. C'est donc dans une visée égalitaire que la prise en compte des différences au sein de l'école est envisagée. Mais peut-on parler d'égalité de traitement lorsque celle-ci est indifférente aux différences ?

> Peut-on parler d'égalité de traitement lorsque celle-ci est indifférente aux différences ?

L'importance de l'architecture scolaire s'impose dans les relations éducatives, car « l'espace peut être compris comme le produit des acteurs, de ceux qui l'occupent, de ceux qui le façonnent[6] ». Se pose

1. Voir « Climat scolaire », Réseau Canopé, sur le site du ministère de l'Éducation nationale, de la Jeunesse et des Sports.
2. Andrée Stanislas, « Compte rendu de Claude Zaidman : *La mixité à l'école primaire* », *Recherches féministes*, vol. 9, n°2, 1996, pp. 171-172.
3. Julie Delalande, *La Cour de récréation*, Rennes, Presses universitaires de Rennes, 2001.
4. Les études et recherches auxquelles nous nous référons sont notamment : Éric Debarbieux, Arnaud Alessandrin, Johanna Dagorn et Olivia Gaillard, *Les violences sexistes à l'école, une oppression viriliste,* Observatoire européen de la violence à l'école, 30 mai 2018 ; Johanna Dagorn et Stéphanie Rubi, « Genre et violences à l'école : défaire les stéréotypes sexués à l'école », dans Éric Debarbieux (dir.), *L'École face à la violence. Décrire, expliquer, agir,* Paris, Armand Colin, 2016, pp. 83-99.
5. « Le droit à l'éducation pour tous les enfants », ministère de l'Éducation nationale, de la Jeunesse et des Sports, novembre 2020.
6. Sophie Ruel, « Filles et garçons à l'heure de la récréation : la cour de récréation, lieu de construction des identifications sexuées », CNRS.

alors le choix de l'emplacement des sports et jeux spatiaux[1] : sont-ils au centre de la cour ou dessinés aux extrémités afin de ne pas obstruer le passage ? Toujours dans une approche préventive, les toilettes et les vestiaires doivent être envisagés comme de hauts lieux de violences sexistes (où se pratiquent du voyeurisme, des attouchements...), il est préférable de poser une vitre transparente de l'extérieur afin que les adultes puissent surveiller les couloirs et de poser des cloisons fermées entre chaque toilette jusqu'en haut afin de garantir l'intimité des jeunes, qui est peu respectée dans nos établissements français. Quant aux casiers, quand il y en a, ils doivent être numérotés afin d'éviter de les identifier en raison des risques de harcèlement et de mégenrage[2] notamment.

ALORS COMMENT AGIR EN TANT QUE MEMBRE DE LA COMMUNAUTÉ ÉDUCATIVE ?

L'axe de la coopération apparaît comme fondamental, car il encourage non pas la compétition mais l'entraide, permettant un climat scolaire apaisé. Aucun jeu n'est par essence féminin ou masculin, c'est son appropriation genré qui le devient. Remettre de la coopération dans les jeux, changer les règles des jeux compétitifs en y insufflant du *care*, du lien, peut changer le rapport à ce même sport. Par exemple, on peut pratiquer du football en attribuant des points à celui ou celle qui passe le plus le ballon et en ôter à celles et ceux qui le monopolisent. On peut procéder de même pour le jeu de l'épervier, source de nombreuses disputes. Remettre de la coopération dans les jeux plutôt que de les interdire peut également s'appliquer à la classe, à travers le tutorat entre pairs, le soin de chacune et chacun, y compris dans les devoirs effectués dans et hors de la classe.

1. Ce terme est employé pour évoquer les jeux de déplacement (épervier, football, basket) occupant beaucoup de place, et à forte mobilité, contrairement aux jeux statiques tels que la corde à sauter, par exemple.
2. Julia Serano, *Whipping girl: a transsexual woman on sexism and the scapegoating of femininity*, New York, Seal Press, 2009.

La prévention des violences et du harcèlement doit aussi être envisagée à l'aune du genre et de l'entraide. En effet, certains garçons, pour se conformer à leurs stéréotypes d'assignation, s'arrogent le droit de proférer des violences verbales (insultes), d'ostraciser les garçons et filles jugés non conformes aux normes du groupe, d'agresser sexuellement les filles ou d'humilier certains garçons. Ces mécanismes génèrent des violences de genre souvent minorées par les adultes, peu formés pour faire face à ce type de violence, et par les garçons et les filles qui banalisent ces violences. En effet, les filles ont un seuil de tolérance plus élevé du fait notamment d'une intériorisation des stéréotypes largement confortée par l'ensemble de la société[1]. C'est dans une répartition différenciée et hiérarchisée des rôles[2] que va s'opérer une partie de l'homophobie sur la péjoration du féminin et sur le fait d'être un « vrai gars » face au groupe des garçons. Il faut alors veiller en tant que membre de la communauté éducative à ne pas passer sous silence certaines insultes sexistes ou homophobes, même si ces dernières sont régulièrement entendues dans la cour de récréation.

Tout ceci pourrait être circonscrit dans un seul axe : celui de la justice scolaire (qui se mesure en fonction des punitions, des sanctions et des évaluations). Les études menées par la Direction de l'évaluation, de la prospective et de la performance (DEPP) et l'Observatoire international de la violence à l'école (OIVS) montrent que les élèves visés par les auteurs de violence sont généralement de même sexe que leurs agresseurs. Ceci est renforcé par le fait que le sexisme et l'homophobie dits ordinaires ne sont pas souvent sanctionnés et les élèves ne prennent pas conscience de la nature de l'insulte. En outre, les punitions peuvent être sexuées puisqu'une insulte proférée par une fille apparaît bien souvent plus choquante

« Tout ceci pourrait être circonscrit dans un seul axe : celui de la justice scolaire.

1. On peut ici parler de violence symbolique dans la mesure où il y a incorporation de la violence par les victimes (Pierre Bourdieu et Claude Passeron, *La Reproduction. Éléments pour une théorie du système d'enseignement*, Paris, Éditions de Minuit, 1970).
2. Françoise Héritier et Pascale Molinier, « La valence différentielle des sexes, création de l'esprit humain archaïque », *Nouvelle Revue de psychosociologie*, n°17, printemps 2014.

que la même insulte émanant d'un garçon[1]. Il convient alors de punir les actes indifféremment du sexe de l'auteur. Ces différences d'appréciation traduisent des différences d'attentes : les filles sont félicitées pour leurs résultats, les garçons sont stimulés pour leur potentiel. Ces tendances peuvent entraîner un fort sentiment d'injustice. Or, il est l'élément le plus dépendant d'un bon ou mauvais climat scolaire[2]. Les questions à se poser sont alors celles-ci : le contenu des annotations et des appréciations est-il le même quel que soit le sexe? Les critères d'évaluation sont-ils identiques? L'aide apportée aux garçons et aux filles est-elle équivalente en contenu? Selon les matières? En volume? Enfin, la coéducation et les pratiques partenariales sont un des axes sur lesquels s'appuyer, car l'école, loin d'être une forteresse, peut faire appel à des partenaires pour permettre davantage d'égalité. Les parents d'élèves, les associations dédiées telles que le planning familial peuvent être associés pour monter des projets. Or, monter un projet égalitaire, c'est agir sur les sept axes du climat scolaire[3]. Monter un projet en faveur de l'égalité, lutter contre le sexisme, c'est améliorer le climat scolaire et, *in fine*, améliorer également les résultats tout en favorisant le bien-être de tous les membres de la communauté éducative (élèves, enseignants, personnels, parents…) et éduquer les jeunes à la citoyenneté.

Cette différence d'appréciation crée de fait des normes spécifiques pour chaque sexe, avec une tolérance différente. Comme tant d'autres aspects de la pédagogie ordinaire, elles ne se révèlent que par la mise en œuvre d'observations croisées et systématisées. Dans nos enquêtes menées sur le harcèlement[4], les parents interrogés déclarent

---

1. Johanna Dagorn et Stéphanie Rubi, « Genre et violences à l'école : défaire les stéréotypes sexués à l'école », dans Éric Debarbieux (dir.), *L'école face à la violence. Décrire, expliquer, agir*, Paris, Armand Colin, 2016.
2. Jérôme Saltet et André Giordan, *Changer le collège*, Paris, Oh! Éditions, 2010.
3. Axe 1 : stratégie d'équipe; axe 2 : justice scolaire; axe 3 : pédagogies et coopération (les stratégies pédagogiques pour un climat serein s'appuient sur la coopération entre élèves, la motivation); axe 4 : prévenir les violences et le harcèlement; axe 5 : coéducation; axe 6 : pratiques partenariales; axe 7 : qualité de vie à l'école.
4. Enquêtes sur les femmes et déplacements de 2015 à 2019. Lire par exemple : Johanna Dagorn et Arnaud Alessandrin, « Femmes et espace public : entre épreuves et résistances », *Hommes & libertés, Ligue des droits de l'Homme*, 2017, pp. 46-49.

tous mettre leur fille en garde contre les garçons, mais lorsqu'on leur demande ce qu'ils et elles disent aux garçons, un certain embarras ressort alors. L'oppression viriliste exclut toutes celles et ceux qui ne rentrent pas dans cette logique affichée : les filles, les garçons étiquetés féminins, les « fayots », les enfants en situation de handicap, celles et ceux dont l'apparence physique ne correspond pas aux attentes. Néanmoins, même si les traumatismes engendrés par les phénomènes d'ostracisme sont méconnus et sous-estimés, il ne faut pas oublier que ce qui se joue dans la cour de récréation ne sera pas nécessairement corrélé aux attentes sociales. En effet, certains garçons exclus des jeux virilistes arborent les meilleurs résultats de leur établissement. Gageons qu'ils transformeront ce capital culturel en capital économique, puis social, une fois adultes. La question de l'identification au groupe de pairs pour les garçons est ici posée, car on peut observer que ce qui se donne à voir entre groupes de garçons n'est pas du tout ce qui se révèle de manière individuelle. Ainsi, les mêmes garçons, qui sont dans la surenchère sexiste entre eux, montrent une « face[1] » totalement différente lorsqu'ils sont seuls, en quête de relations amoureuses et amicales apaisées et douces, relevant alors de stéréotypes féminins. C'est cette mise en scène de la masculinité toxique et des valeurs compétitives encouragées par l'école et nos sociétés qu'il est urgent de changer en faveur de valeurs de coopération et d'entraide. La pandémie actuelle ne nous montre-t-elle pas les limites de la performance à tout prix? Car ce sont les métiers liés à la coopération, au *care*, ces valeurs dévolues au féminin, dénigrées à l'école, comme ailleurs, qui nous permettent de tenir actuellement.

La pandémie actuelle ne nous montre-t-elle pas les limites de la performance à tout prix ?

1. Ce terme de « face » est employé en référence à Erving Goffman dans *Les Rites d'interaction* (Paris, Éditions de Minuit, 1974) comme « valeur sociale positive qu'une personne revendique effectivement à travers une ligne d'action que les autres supposent qu'elle a adoptée au cours d'un contact particulier ».

COUTEAU

En 2021, la physionomie du terrorisme islamiste en France a muté. Les profils des criminels, leurs modes d'action, leurs affiliations idéologiques et les « effets de terreur » qu'ils ont cherché à produire ont changé. Le couteau est l'objet symbolique de ce terrorisme du coin de la rue.

CYRILLE BRET

Philosophe et géopoliticien, auteur de *Dix attentats qui ont changé le monde* (Armand Colin, 2020)

DE LA TERREUR DU « DÉJÀ-VU » À LA NOUVEAUTÉ DES MENACES

2021 commence alors que la face angoissante du terrorisme a de nouveau fait son apparition en France durant les derniers mois. Trois attentats ont marqué ce retour comme autant de jalons sanglants : le 25 septembre 2020 dans la rue Nicolas-Appert à Paris avec les blessures infligées à deux personnes sur les lieux même du massacre de la rédaction de *Charlie Hebdo* le 7 janvier 2015 ; le 16 octobre à Conflans-Sainte-Honorine, avec le meurtre du professeur d'histoire-géographie Samuel Paty, et le 29 octobre, à la basilique Notre-Dame de l'Assomption à Nice, avec l'assassinat de trois personnes.

Face à ces trois crimes, la société française a été saisie d'une tragique impression de « déjà-vu » : à chaque fois, les vagues d'attentats des 7 au 9 janvier et du 13 novembre 2015.

Il ne s'agit toutefois pas d'un retour à l'identique. De 2015 à 2020, plusieurs évolutions ont modifié certains traits du terrorisme en France. Les profils des criminels, leurs modes d'action, leurs affiliations idéologiques et les « effets de terreur » qu'ils ont cherché à produire ont changé. Les tacticiens terroristes sont coutumiers de ces transformations rapides : pour choquer un corps social, ils cherchent souvent à le prendre au dépourvu et à le traumatiser d'une façon inattendue. Mais plusieurs éléments fondamentaux demeurent inscrits dans l'action terroriste contemporaine.

DU TERRORISME IMPORTÉ AUX MENACES ENDOGÈNES

De 2015 à 2020, les menaces terroristes en France ont connu plusieurs inflexions. La vague d'attentats de 2015 se caractérisait par la militarisation des modes d'action, la massification des bilans et l'internationalisation des revendications idéologiques. En 2020, les menaces endogènes dominent. Comparer ces deux séries d'attentats, c'est prendre la mesure des nouveaux risques. Le terrorisme du présent n'est plus celui du passé récent.

> De 2015 à 2020, les menaces terroristes en France ont connu plusieurs inflexions.

En janvier et en novembre 2015, les attentats perpétrés par Al-Qaida et Daech en France étaient destinés à établir une continuité entre les opérations militaires en Syrie, en Irak et dans le Sahel et les rues de Paris. Armés de fusils-mitrailleurs et d'explosifs, formés sur des théâtres de guerre, coordonnés comme des commandos disséminés dans la ville, les terroristes avaient propagé la terreur en imitant des forces spéciales dans les rues parisiennes. Au moment où elles subissaient à l'étranger des revers militaires, Daech avait importé la violence armée dans les villes. Il revendiquait ainsi le statut de force géopolitique.

En 2020, les modes d'action des attentats ont produit des « effets de terreur » différents : perpétrés par des jeunes hommes seuls avec des moyens rudimentaires, ces attaques ne revendiquent plus le statut d'opérations militaires. Elles font passer le terrorisme dans le registre de « la terreur du coin de la rue » : la terreur n'est plus produite par une planification militaire mais par la banalité du mal. Des meurtres horribles sont perpétrés par un quidam avec les objets du quotidien, les armes blanches.

De même que la « militarisation » cède la place à la « banalisation », de même l'hyper-terrorisme de 2015, aux victimes par dizaines, cède la place à des bilans limités. L'horreur ne vient plus de la série des victimes de l'Hyper Cacher ou du Bataclan mais de leur statut symbolique. En blessant deux journalistes, en tuant un enseignant et trois fidèles d'un sanctuaire catholique, les terroristes ne s'inscrivent plus dans le terrorisme de masse lancé par Al-Qaida à New York et poursuivi par Daech à Paris et Bruxelles. La terreur est créée par la concentration de la violence sur des éléments emblématiques de l'identité politique française : la liberté de la presse, l'école laïque et la liberté de culte. En 2021, le statut des victimes devient plus important que leur nombre.

> L'attentat répété vise à susciter une panique durable pour diffuser dans le corps social un sentiment de vulnérabilité généralisée.

La troisième évolution concerne l'inscription du terrorisme dans la mondialisation. Alors que les attentats de 2015 s'inscrivaient dans des chaînes de planification, de logistique et de commandement transnationales intégrées, en 2020, les attentats sont perpétrés en dehors d'une ligne hiérarchique directe : les meurtres résultent d'une radicalisation par les réseaux sociaux. C'est le « djihadisme d'atmosphère[1] », pour reprendre l'expression de Gilles Kepel, où l'injonction à tuer est diffuse. La teneur de la menace s'en trouve modifiée : elle ne tient plus à une internationale du djihad intégrée se donnant les attributs d'un État. Elle est omniprésente car propagée sur les réseaux sociaux.

1. Gilles Kepel, « Le dispositif législatif n'est plus opérant face à un djihadisme d'atmosphère », *Le Monde*, 20 octobre 2020.

LE « TERRORISME DU COIN DE LA RUE » ET LA SOCIÉTÉ DE DÉFIANCE

En 2021, la physionomie du terrorisme islamiste en France n'est plus tout à fait la même. Une rupture tactique est à l'œuvre, typique des mouvements terroristes quels que soient leurs systèmes de justification (islamiste, gauchiste, fasciste, etc.). Les terroristes cherchent le choc pour les sociétés civiles et le contrepied pour les services de police. La terreur ne s'impose que si la violence est imprévisible dans sa forme. Le terrorisme de 2020 s'adapte à l'efficacité des opérations au Levant, à l'activité des services de renseignement et à la fermeture des frontières pour raisons sanitaires.

Le repli tactique des djihadistes ne change pourtant pas leur stratégie politique fondamentale. En France et en Europe, les stratégies terroristes usent de ressorts constants. De ce point de vue, l'islamisme armé ne fait que reprendre des stratégies élaborées aux XIXe et au XXe siècle.

Le terrorisme en France vise toujours à instiller la division entre communautés religieuses, sociales ou ethniques. Les attentats commis en 2015 et en 2020 au nom de la protection d'une confession – l'islam – veulent tous forcer les institutions républicaines à se défier des fidèles de cette confession. Le stratagème est de pousser la République à se renier en instaurant des discriminations explicites ou non. Dans la perspective islamiste, cela est censé susciter en retour chez les musulmans une défiance envers les institutions et toute la société civile. Cette stratégie conserve la guerre civile comme horizon.

L'autre permanence stratégique est l'emprise psychologique collective : les attentats, leur horreur et leur choc sont destinés à obséder toute une communauté. L'attentat répété vise à susciter une panique durable pour diffuser dans le corps social un sentiment de vulnérabilité généralisée. C'est un projet de « domination par la panique[1] ». Enfin, l'attentat cherche à saper l'autorité des institutions auprès de la population civile : comme les citoyens ne se sentent plus protégés par les pouvoirs publics, eux aussi s'engagent dans un cycle de défiance généralisée.

1. Cyrille Bret, *Qu'est-ce que le terrorisme ?*, Paris, Éditions Vrin, 2018.

Défiance des institutions envers une partie de la population, défiance en retour de cette communauté envers les pouvoirs publics, défiance des citoyens envers leurs concitoyens et leurs services de sécurité : voilà l'horizon stratégique des terroristes aujourd'hui en France. Une société percluse de défiance.

AFRICANISATION ET DROITISATION DU TERRORISME

La prospective en matière de terrorismes est d'autant plus ardue qu'elle est délibérément déjouée par les courants violents. Ainsi, plusieurs tendances anticipées ne se sont pas confirmées en France : le terrorisme écologiste et le terrorisme NRBC. Mais plusieurs tendances s'affirment progressivement. Elles risquent, en effet, de marquer la décennie 2020 comme le conflit en Syrie a ensanglanté la décennie écoulée.

L'africanisation du terrorisme est à l'œuvre depuis maintenant plusieurs années : en Afrique centrale avec Boko Haram, en Afrique orientale avec les Chebabs, dans la bande sahelo-sahélienne avec une myriade de mouvements. Pour le moment cantonné aux espaces interstitiels, les déserts et les territoires mal contrôlés, ce terrorisme est pourtant au contact direct des ressortissants et des intérêts de la France. Depuis 2014, le pays l'affronte directement dans l'opération Barkhane. Celle-ci peut soit juguler sa propagation vers l'Europe soit, au contraire, exposer la France à des opérations sur son sol. Le futur visage du terrorisme en France est peut-être africain.

Une deuxième tendance latente en France est le terrorisme d'extrême droite. Il a déjà conduit aux massacres d'Oslo et Utøya en Norvège le 22 juillet 2011 et de Christchurch en Nouvelle-Zélande le 15 mars 2019. La France n'est pas immunisée contre ce risque avec l'attentat perpétré le 28 octobre 2019 contre la mosquée de Bayonne. L'autre visage du terrorisme à venir dans notre pays pourrait être une série d'actions violentes en rétorsion aux attentats islamistes et pour remédier au laxisme supposé des pouvoirs publics.

Hautement évolutifs dans leurs tactiques et constants dans leur volonté de domination par la panique, les terrorismes menacent de rester un facteur majeur de violence politique en France.

CUSTOMISATION

Grosse tendance du moment dans le monde des entreprises, la customisation traduit l'évolution de notre rapport à la consommation, en s'opposant au modèle traditionnel fondé sur la standardisation. Une autre façon d'interroger l'individu contemporain, et d'entrer dans « l'âge du faire ».

GUÉNAËLLE GAULT
Directrice générale de L'ObSoCo

C'est l'une des grandes tendances du moment dans le monde des entreprises. Un de ces « *buzz-words* » empruntés au répertoire anglo-saxon dont la signification se perd cependant quelque peu avec la précipitation que l'on a à s'en emparer. Pourtant, alors même que le principe semble devoir s'étendre à tous les aspects de la consommation, loin de se cantonner à faire broder votre citation sur un tee-shirt ou à y apposer vous-même votre propre transfert au fer à repasser, les dynamiques qui sous-tendent la généralisation de la customisation augurent de bien davantage. Déplier cette notion permet de comprendre comment elle constitue un analyseur pertinent des mutations fondamentales de notre modèle de développement.

Le succès de ce terme apparaît de fait comme un des signes (supplémentaires) de l'essoufflement du capitalisme industriel fordien basé précisément sur son opposé : la logique de masse. Un système productif concentré sur des séries standardisées dont les volumes autorisent les prix bas articulé à une consommation répondant aux aspirations homogènes d'une classe moyenne massive. Avec, à l'interface, une distribution organisée autour de ses grandes surfaces et un marketing qui, n'échappant pas à la logique, prend appui sur un médium à l'avenant, la télévision.

Mais voilà, de profondes mutations économiques, technologiques et sociétales sont venues créer du jeu et enrayer cette spirale relativement vertueuse. La globalisation associée à une certaine saturation des marchés engendre une compétition effrénée. Les technologies, une disruption permanente. Et le consommateur réclame, quant à lui, d'être traité autrement, individuellement. Il veut sortir de la masse. Tout cela appelle à une inversion du modèle industriel, une véritable « révolution commerciale », comme le théorisait l'économiste Philippe Moati dès 2011[1]. Pour reprendre des termes anglo-saxons : d'une logique « *top-down* » il s'agit donc de passer au « *bottom up* », à la « *customer centricity* ».

LA PERSONNALISATION : UNE QUESTION DE MARKETING

Une des réactions des marques, qui ne doit toutefois pas être confondue avec la customisation, est la montée en puissance de la personnalisation. Celle-ci s'appuie sur la connaissance du client, la collecte et l'exploitation des données, le raffinement des segmentations et ultra-segmentations de marchés. Grâce à des moyens de plus en plus puissants, les aspirations, les besoins, les comportements sont analysés, modélisés, prédits. L'enjeu étant – nouveau mantra – d'adresser le bon produit, service ou message à la bonne personne, au bon moment afin de donner au consommateur l'impression de développer une relation unique et sur-mesure avec la marque. Pour

1. Philippe Moati, *La Nouvelle révolution commerciale*, Paris, Odile Jacob, 2011.

autant, cette personnalisation intervient essentiellement sur le dernier maillon de ce qui demeure une chaîne linéaire inchangée à qui l'on redonne un peu d'efficacité et de pertinence. La valeur, elle, reste entre les mains des producteurs et dans le produit.

LA CUSTOMISATION « DE MASSE » : UNE QUESTION D'EXPÉRIENCE CLIENT

Généralisant le système optionnel utilisé dans le secteur automobile, une autre logique est à l'œuvre qui autorise les consommateurs à intervenir, choisir ou modifier eux-mêmes certaines composantes du produit ou du service qu'ils acquièrent. Des baskets en passant par les crèmes et maquillages, aux packages voyages ou bouquets de services, ils peuvent ainsi créer « sur-mesure » leur propre article apparemment « unique » à partir d'un modèle, en jouant sur des gammes de choix plus ou moins larges prédéfinies par la marque. Dans cette logique, qui elle aussi s'appuie beaucoup sur le numérique, les processus industriels classiques peuvent se trouver déstabilisés, appelés à s'adapter et se reconfigurer vers des systèmes plus flexibles, des entités plus petites, agiles et locales. Dans cette logique, la valeur se déplace du produit/service vers la marque et tout est question d'expérience client. Interagir avec les marques devient au moins aussi important que la fonction même du produit. Et si customisation il y a, il s'agit d'une customisation « de masse ». Le consommateur est intégré, une marge d'autonomie lui est laissée, mais celle-ci reste conçue et produite en amont pour lui et non par lui.

> Un analyseur pertinent des mutations fondamentales de notre modèle de développement.

LA CUSTOMISATION : UNE QUESTION DE MODÈLE

Pourtant, de son côté, le consommateur va beaucoup plus loin. Après avoir longtemps adapté sa vie aux produits et aux technologies, de plus en plus, il adapte les produits et les technologies à sa vie. Il détourne, répare, recycle, fabrique, crée, innove. C'est là le sens plein de la customisation. Avec, là aussi, le concours des technologies qui lui permettent, comme jamais auparavant, d'apprendre, s'expertiser, échanger, se faire connaître. C'est ce que l'on a appelé le DIY (Do it Yourself), le « faire soi-même ». Au-delà, c'est aussi l'émergence d'une véritable société d'amateurs qui estompe et trouble les lignes entre innovation et création, entre concepteur, producteur et consommateur. Comme en atteste l'Observatoire du « faire » mené par L'ObSoCo[1], les Français sont massivement engagés, et pour beaucoup très investis, voire « passionnés », par ce type d'activités.

Ce faisant, la valeur se déplace encore mais cette fois-ci du produit ou du service à l'expérience du produit/service. Rappelant au passage que le véritable moment de la consommation n'est pas celui de l'achat mais le moment où le produit, le service, est utilisé (rendu utile donc). Le changement est fondamental : la valeur n'est plus produite en amont, distribuée à un consommateur passif mais véritablement co-produite. Dès lors, dans cette acception pleine et entière de la customisation, il s'agirait presque, pour les marques, de considérer leurs produits et services comme « inachevés », permettre et accompagner le consommateur dans ce qu'il pourrait en faire. Prévoir le *hacking* de leur offre comme une composante de l'offre en soi avant que les consommateurs, de cibles passives, ne deviennent leurs principaux concurrents et les réduisent à de simples fournisseurs de commodités.

> « Ils semblent trouver leur bonheur dans le « faire », l'expérience qu'ils en ont, le sens qu'ils y mettent.

UNE RÉVOLUTION CULTURELLE

On comprend bien dès lors pourquoi la notion de customisation a une portée plus importante que ne le laisse penser a *priori* le *buzz-word* anecdotique, tant il concentre les besoins et nécessités de notre époque.

Pour les Français dans leur très grande majorité, il est désormais acquis que notre modèle de développement n'est pas soutenable d'un point de vue environnemental. Acquis aussi que, pour en sortir,

1. « L'Observatoire du faire », L'ObSoCo, MAIF, janvier 2017.

la consommation devra de plus en plus se fonder sur la mutualisation ou le partage d'équipements et de ressources, les échanges entre particuliers, le « faire soi-même », l'occasion, le recyclage, etc. À cet égard, dans son Observatoire de la consommation responsable, l'ObSoCo montre que ce sont déjà 44 % des Français qui le font, à des degrés divers et selon des motivations multiples[1].

Au-delà, ce désir de consommer moins en quantité et produire différemment manifeste des aspirations à d'autres modes de vie, un désir de vivre autrement. De fait, les Français le disent : une fois un certain niveau de confort atteint, consommer plus ne rend pas plus heureux, en revanche, et très clairement, ils semblent trouver leur bonheur dans le « faire », l'expérience qu'ils en ont, le sens qu'ils y mettent.

Échapper à la consommation de masse par la customisation représente donc bien plus qu'un petit caprice individualiste que des artifices marketing anecdotiques suffiraient à combler. C'est tout à la fois une question d'éthique, de préservation des ressources, une façon de mobiliser et d'améliorer ses compétences et ses talents, de tisser des liens et de favoriser le bien-être individuel et collectif. Customiser, c'est déplacer le curseur de l'avoir à l'être en passant par le faire.

C'est donc en cela que la customisation est un analyseur de l'évolution de notre rapport à la consommation mais sans doute aussi de notre modèle capitaliste : parce qu'il s'agit aussi d'un déplacement de la création de valeur et, ultimement, d'une redistribution du pouvoir.

À cet égard et si l'on peut souhaiter, peut-être, que ce mot trouve sa traduction en français, on peut souhaiter, surtout, que les logiques qui président à ce qu'il interroge dans le champ de la consommation trouvent aussi leurs traductions dans d'autres sphères où la conception, la production, la décision, et donc la valeur demeurent concentrées dans les mains de quelques-uns. Celle du politique, par exemple ?

---

1. « L'Observatoire de la consommation responsable », L'ObSoCo, CITEO, janvier 2021.

DÉFIANCE SCIENTIFIQUE

La défiance de plus en plus affirmée envers la science repose souvent sur des confusions épistémologiques. Précipitations, réductions, querelles de légitimités, les phénomènes qui s'y attachent fragilisent ce qui fut longtemps l'un des repères les plus solides de nos sociétés.

GUILLAUME LECOINTRE

Enseignant-chercheur en systématique et en zoologie, professeur du Muséum national d'histoire naturelle, coordinateur avec Sarah Proust de *Le Fait en question* (L'Aube, Fondation Jean-Jaurès, Muséum national d'histoire naturelle, 2019)

La science peut être décrite par les sciences cognitives comme une activité rationnelle et collective d'explication du monde réel. L'épistémologie y voit un horizon souhaitable de la connaissance régi selon des modes d'administration de la preuve et des règles de l'objection et de la démonstration, qu'elle a la charge d'étudier[1]. La sociologie décrira la science comme un ensemble de pratiques de communautés professionnelles insérées dans une société contraignante[2]. Que nous ayons de bonnes ou de mauvaises raisons de faire des reproches à la science, voire de s'en méfier, la défiance à son égard repose souvent sur des confusions épistémologiques. Passons en revue les principales.

CONFUSION ENTRE QUATRE SENS DU MOT « SCIENCE »

Alan Sokal et Jean Bricmont identifient, dans leur fameux livre de 1997 *Impostures intellectuelles*[3], quatre acceptions courantes du mot « science ». Premièrement, le mot « science » peut être compris comme un ensemble de résultats et de connaissances disponibles à un moment donné. Deuxièmement, le mot « science » peut être compris comme une communauté professionnelle, la « communauté scientifique ». C'est le sens sociologique du terme. Troisièmement, le mot « science » peut être compris sous l'angle de ses applications (téléphones portables, centrales nucléaires, organes artificiels, vaccins, voiture électrique, satellites…). Quatrièmement, le mot « science » peut être compris en tant que démarche d'investigation, comme méthode rationnelle et collective d'explication du monde réel. Son but est d'expliquer la nature à partir des ressources de la nature. C'est la science sous son aspect méthodologique.

> La défiance à l'égard de la science repose souvent sur des confusions épistémologiques.

1. Benjamin Germann, *Apports de l'épistémologie à l'enseignement des sciences*, Paris, Éditions Matériologiques, 2016 et Jean-Yves Cariou, *Histoire des démarches scientifiques*, Paris, Éditions Matériologiques, 2019.
2. Pierre Bourdieu, *Science de la science et réflexivité*, Paris, Raisons d'agir, 2001.
3. Alan Sokal et Jean Bricmont, *Impostures intellectuelles*, Paris, Odile Jacob, 1997, p. 122.

Le piège courant, lors d'une conversation, provient du fait qu'un interlocuteur entend le mot « science » d'une façon tandis qu'un autre entend sous le même mot l'un des trois autres sens. Un autre piège courant, qui découle directement du premier, consiste à « rejeter le bébé avec l'eau du bain ». On a des raisons, bonnes ou mauvaises, de critiquer l'une des trois premières acceptions de « science » et l'on rejettera le tout en bloc. On récuse la démarche scientifique (« science » au sens 4) parce que certaines de ses applications sont moralement réprouvables (« science » au sens 3), parce que les résultats changent trop vite (« science » au sens 1) ou bien parce que certains scientifiques ne se conduisent pas correctement (« science » au sens 2).

CONFUSION ENTRE LE TEMPS DES SCIENCES, LE TEMPS DES MÉDIAS, LE TEMPS DES RÉSEAUX SOCIAUX

Lorsque j'ai commencé ma carrière, avant l'accès généralisé à la toile, nous trouvions que les médias n'attendaient pas suffisamment qu'un résultat fut stabilisé pour s'en emparer. Depuis, le divorce entre le tempo de stabilisation collective d'un résultat au sein de la communauté professionnelle qui a compétence pour le faire et le tempo de la communication est consommé. Les institutions publiques, prises comme n'importe quelle entreprise dans la spirale de la communication, émettent des « alertes presse » et des effets d'annonce immédiats qui donnent en pâture au public un résultat d'une équipe parce que celui-ci a été publié dans une revue cotée. Aux yeux des communicants, ce n'est pas la stabilisation par des équipes indépendantes qui fait la solidité du résultat, mais la cotation du journal dans lequel la première équipe l'a publié. Or, un résultat n'entre dans le champ de la connaissance que s'il est corroboré par des observateurs indépendants. Cela prend du temps, et ce temps n'est plus respecté. Le désordre apparent, notamment sur la toile, provient du bruit assourdissant de la cacophonie des idéologies adverses sur un résultat qu'elles entendent toutes exploiter à leur avantage.

LE « *CHERRY PICKING* », VIEILLE RECETTE DE L'IDÉOLOGIE

Selon Patrick Tort[1], l'idéologie est un discours qui maintient une illusion sur le monde, parce que celle-ci fournit à ceux qui la maintiennent une emprise. Pour se maintenir, elle a ceci de particulier qu'elle se travestit. C'est une « pragmatique de l'apparence » : les forces historico-politiques dissimulent leurs racines, leurs objectifs et ne produisent que des résurgences opportunes de discours récurrents rhabillés du dernier vernis de la science emprunté pour l'occasion. L'idéologie n'innove jamais : elle est l'éternel retour, sous des masques différents. Par définition, la science innove puisqu'elle avance en remettant en cause ce qu'elle a elle-même produit antérieurement : « La science invente, progresse et se transforme. L'idéologie récupère, recycle et se remanie », écrit Patrick Tort[2]. Mais comment l'idéologie fait-elle pour récupérer et manipuler les faits scientifiques? Il existe plusieurs procédés, le plus courant étant la réduction. Toujours selon Patrick Tort[3], le premier travail de l'idéologie est de « réduire pour appliquer ». On rabote la théorie à sa plus simple expression ou bien à un moment d'elle-même pour mieux l'appliquer dans un champ où on voudra l'étendre – illégitimement. Par exemple, c'est avec une vision réductrice du gène et de ses actions que l'idéologie libérale eugéniste s'étendra pour stériliser les existences socialement indésirables aux États-Unis ou dans les pays scandinaves dans l'entre-deux-guerres. C'est en réduisant la sélection naturelle à la seule compétition éliminatoire (les individus les plus aptes éliminant les moins aptes) qu'Herbert Spencer va, dès 1860, se servir du prestige scientifique de Darwin pour convaincre la société victorienne de ne rien faire pour aider les pauvres. En effet, en aidant les plus pauvres, expliquait Spencer, on risquait de favoriser

« Par définition, la science innove puisqu'elle avance en remettant en cause ce qu'elle a elle-même produit antérieurement.

1. Patrick Tort, *Qu'est-ce que le matérialisme? Introduction à l'analyse des complexes discursifs*, Paris, Belin, 2016.
2. *Ibid.*
3. *Ibid.*

leur croissance démographique et de baisser la qualité globale de la population anglaise. Cette réduction est bien opérée sur un prélèvement initial, une instrumentalisation d'un morceau choisi, d'où la métaphore du *cherry picking*. Celle-ci est également à l'œuvre dans les complotismes[1] ou les enfumages[2] qui se donnent les apparences de scientificité.

CONFUSION ENTRE ÉGALITÉ DU DROIT À LA PAROLE ET ÉGALITÉ DE LÉGITIMITÉ

Un dialogue entre science et société sur des questions scientifiques est souhaitable, cependant, les situations statutaires sont, de fait, asymétriques : un enseignant est payé pour dispenser un programme qui fait force de loi (et pas l'élève) et un chercheur est payé parce qu'il a compétence pour garantir la fiabilité des connaissances (et pas tel ou tel public faisant un autre métier). Il ne faut pas s'en émouvoir, c'est même là la condition d'une connaissance vue comme bien public. Le chercheur a même le devoir d'engager quiconque fait ou souhaite faire de la science à respecter un certain nombre d'attendus intellectuels fondamentaux[3] – dont l'efficience conditionne même la seule possibilité d'un dialogue scientifique. En d'autres termes, et pour le dire crûment, un savoir scientifique collectivement acquis ne peut pas être publiquement récusé au motif qu'il ne convient pas à l'opinion d'une personne, ou même à un groupe de personnes, même d'apparence rationnelle. Une égalité de dignité et de liberté d'expression n'implique nullement une égalité de légiti-

> « Les médias ont longtemps joué sur cette pente glissante de la confusion des légitimités qui consiste à interroger un expert résolument à côté de ses compétences, parce que c'est vendu comme amusant.

1. Gérald Bronner, *La Démocratie des crédules*, Paris, Presses universitaires de France, 2013.
2. Naomi Oreskes et Erik M. Conway, *Les Marchands de doute*, Paris, Le Pommier, 2014.
3. Guillaume Lecointre, *Les Sciences face aux créationnismes. Ré-expliciter le contrat méthodologique des chercheurs*, Versailles, Quæ, seconde édition, 2018.

mité. Un président de la République américain (fut-il Ronald Reagan), aussi digne et écouté soit-il, n'a aucune légitimité pour remettre en cause le fait scientifique de l'évolution biologique. Cette asymétrie persistante ne remet pas en cause la possibilité de la science de participer à des biens communs. Ceux-ci peuvent profiter du fait que, organisés en réseaux, ils sont composés d'une mosaïque de légitimités, où certains acteurs de par leurs diplômes et leurs expériences propres sont plus légitimes sur un sujet ou un savoir-faire donné que les acteurs voisins, qui en retour sont eux plus légitimes que le précédent sur d'autres champs. Le premier attendu de ce modèle est évidemment un bénéfice réciproque. Ne pas être aussi légitime en plomberie qu'un plombier ou en conduite d'une voiture de course qu'un coureur de Formule 1 ne devrait pas être un problème de dignité pour moi.

Égalité dans la liberté d'expression ne signifie donc pas pour autant égalité de légitimité. Les médias ont longtemps joué sur cette pente glissante de la confusion des légitimités qui consiste à interroger un expert résolument à côté de ses compétences, parce que c'est vendu comme amusant. On va demander à tel astrophysicien ou mathématicien son avis sur la mode ou le traitement fait aux animaux des abattoirs. Ces pratiques essentialisent les individus. Un Prix Nobel scientifique est très spécialisé dans son domaine, il n'a nulle légitimité ailleurs. Ce jeu a semé une sorte de mauvaise graine sur la toile, où beaucoup réclament, à partir de leur égale liberté d'expression, une égale légitimité. Ils font fausse route.

CONFUSION ENTRE VALEURS ET FAITS

De multiples officines politiques, spiritualistes, voire fondamentalistes, de par le monde accusent la science d'être « immorale ». Elles proposent alors de réintroduire la providence ou la spiritualité dans la mécanique démonstrative des sciences pour la moraliser, afin qu'elle s'imprègne de « valeurs ». La communication providentialiste est assez bien rodée et, sans que nous ne nous en apercevions, imprègne les plus généralistes de nos médias. Qui pourrait aller contre la régénération de notre planète ? De multiples activismes se détournent de la science parce qu'elle serait « vendue au capitalisme ». Pour la même

> Une part non négligeable de nos concitoyens renoncent à la médecine scientifiquement fondée pour se soigner.

raison, une part non négligeable de nos concitoyens renoncent à la médecine scientifiquement fondée pour se soigner.

L'argument est fallacieux pour plusieurs raisons. La première est que la spiritualité n'a pas nécessairement à être convoquée dès lors qu'elle n'a pas le monopole de la morale. C'est un débat que nous n'engagerons pas ici ; nous nous contenterons de rappeler qu'il est possible de penser – avec Darwin, justement – une origine naturelle de la morale, et qu'il existe des sociétés dont les valeurs morales ne doivent rien aux religions. Mais surtout, la seconde raison est qu'on confond deux niveaux : d'une part, le cœur méthodologique des sciences (en quelque sorte le moteur du véhicule), le « comment on démontre », qui est amoral et non pas immoral, et, d'autre part, le contrôle social de la science (le volant du véhicule) qui est le niveau de l'éthique. Ce dernier niveau s'exprime dans le choix des orientations générales de la recherche, et dans l'aménagement de celle-ci. Je dois tuer un poisson pour étudier son anatomie interne. Le raisonnement que j'utilise pour comparer son anatomie à celle d'un autre est amoral. Que j'aie anesthésié l'animal avant de le sacrifier aux besoins de l'expérience, ou non, ne change rien au raisonnement. La morale se glisse au laboratoire dans l'aménagement des conditions de l'expérience (l'anesthésie destinée à éviter la souffrance animale), pas dans le raisonnement démonstratif. Avec les mouvements fondamentalistes, notamment ceux qui ont pour programme l'instauration d'une théocratie[1], tout se passe comme si, parce que la voiture ne se dirige pas où l'on souhaite, il fallait spiritualiser le moteur au lieu de spiritualiser le volant. À nous, citoyens, de nous emparer du volant – à quoi voulons-nous utiliser notre science ? – mais laissons la logique et les méthodes scientifiques tranquilles.

---

1. Dominique Lecourt, *L'Amérique entre la bible et Darwin*, Paris, Presses universitaires de France, 1992 et Cyrille Baudouin et Olivier Brosseau, *Enquête sur les créationnismes. Réseaux, stratégies, objectifs*, Paris, Belin, 2013.

CONFUSION COLLECTIF-INDIVIDUEL

Un scientifique seul ne révolutionnera jamais la connaissance rationnelle du monde réel. Quelles que soient ses sources d'inspiration, ce qu'il écrira restera lettre morte si ses expériences ne sont pas publiées dans un journal dont les articles sont évalués par ses pairs, et même une fois passée cette étape, tant que des observateurs indépendants n'auront pas reproduit l'expérience afin d'en tester le résultat. Si le contexte d'inspiration d'une expérience ou d'émergence d'une idée, ou d'une hypothèse peut être personnel, en revanche, le contexte de validation des savoirs scientifiques est un filtre collectif et en cela les options métaphysiques personnelles de chacun n'entrent pas en ligne de compte. Par conséquent, il est contestable qu'un scientifique du secteur public utilise sa communauté professionnelle pour accréditer son option métaphysique personnelle. Par ailleurs, les postures relativistes qui veulent affaiblir la science joueront toujours le jeu de faire passer un résultat ou une affirmation scientifique qui les dérangent pour l'opinion d'un seul. L'affirmation dérangeante s'en trouvera fragilisée, car présentée comme le fruit de l'idéologie ou des intérêts particuliers d'un individu. Garantir la fiabilité des savoirs scientifiques comme des biens publics, c'est aussi rappeler que les résultats scientifiques publiés et stabilisés l'ont été par un collectif professionnel international.

« Le savoir scientifique, parce qu'il mobilise la raison, la critique des idées et non la critique des personnes, se retrouve compatible avec le projet de démocratie républicaine.

NÉCESSITÉ DE DISTINGUER SAVOIRS, CROYANCES, CROYANCES RELIGIEUSES ET OPINIONS

Le savoir scientifique, parce qu'il mobilise la raison, la critique des idées et non la critique des personnes, se retrouve passivement compatible avec le projet de démocratie républicaine tel que mobilisé par Condorcet en 1792 lorsqu'il invente l'école de la première République. C'est pourquoi les savoirs sont légitimes dans l'espace scolaire. On aura compris qu'il est, dans notre République, crucial de pouvoir faire la distinction entre savoirs, opinions, croyances, croyances religieuses et idéologies. Je préconise une distinction didactique de ces trois postures cognitives, à l'aide de deux critères binaires[1]. En outre, je préconise six critères qui fondent le socle de toute démarche scientifique[2]. Expliciter de manière didactique les critères du savoir et ceux de la scientificité – nous n'avons pas la place de le faire ici –, c'est se donner les moyens de déjouer les instrumentalisations de la science et d'éviter une partie de la défiance de nos concitoyens à son égard. Ce n'est pas le seul moyen, loin de là. Ce n'est que le moyen cognitif et épistémologique ; il en existe d'autres, d'ordre symbolique, sociologique, politique et économique.

Un autre moyen est de faire participer nos concitoyens, jeunes et moins jeunes, à la science en train de se faire, notamment dans le cadre de protocoles de sciences participatives encadrés par des structures publiques, garantes de la fiabilité des moyens d'analyse en tant que bien public. La mobilisation est grande et permet d'approcher la science dans ce qu'elle a de meilleur (celle au sens 4 ci-dessus) : un exercice collectif de rigueur, d'imagination et de dialogue.

1. Guillaume Lecointre, *Savoirs, opinions, croyances. Une réponse laïque et didactique aux contestations de la science en classe*, Paris, Belin, 2018.
2. *Ibid.*

DÉSOBÉISSANCE

Des formes d'occupation, de l'espace et du temps, aux micro-actes de désobéissance, les gestes multiples de désobéissance civile témoignent d'un moment politique instable. Une extra-légalisation des luttes sociales qui réinvente les contestations.

MANUEL CERVERA-MARZAL
Chercheur en sociologie et en philosophie politique
au Fonds de la recherche scientifique
(FNRS, université de Liège)

Ma grand-mère, qui va sur ses quatre-vingt-dix ans, a élevé ses sept enfants dans la religion catholique. L'obéissance et le respect de l'autorité sont pour elle des articles de foi. En plein milieu du premier confinement, elle m'annonce au téléphone qu'elle se balade tous les jours à l'aube dans les rues de Biarritz. S'ensuit le dialogue suivant :

« Mais c'est interdit, mamie !
– Ne t'inquiète pas, je n'emprunte que les petites rues.
– Ah, ouf, pour éviter de croiser des gens.
– Non, pas les gens, les policiers ! »

En tant que sociologue, j'ai d'abord cru que cette année si particulière serait synonyme de confinement des colères. Comment manifester quand les rassemblements de plus de dix personnes sont prohibés ? Comment donner de la voix sans postillonner sur ses camarades ? Comment investir l'espace public quand la loi d'urgence sanitaire, venue se superposer à la loi d'urgence antiterroriste que le président a pris soin d'inscrire dans le droit commun, intime à chacun de rester docilement cadenassé à son domicile ? La crainte de la contagion, redoublée par la crainte de la contravention (plus d'un million d'amendes pour défaut d'attestation), constitue un obstacle efficace à l'action collective. Et pour ceux qui manifestent malgré tout, face aux violences policières notamment, faut-il le faire avec un masque, désormais obligatoire, ou sans masque, puisque la loi « anticasseurs » de 2019 fait de la dissimulation volontaire de son visage un délit passible de quinze mille euros d'amende et un an d'emprisonnement ?

J'ai donc cru que le niveau de conflictualité sociale, après avoir connu un impressionnant regain fin 2019 lors de la mobilisation contre la réforme des retraites, allait connaître un tout aussi impressionnant déclin en 2020. À ma grande joie (avouons-le) et grâce à ma grand-mère (remercions-la), j'ai été démenti. La contestation ne s'est pas éteinte. Elle s'est réinventée. La créativité des révoltés ne cessera jamais de surprendre ceux qui, comme moi, font profession d'étudier les révoltes. Je parle de « réinvention » plutôt que d'invention à l'état pur car les modes d'action qui ont marqué l'année écoulée et qui marqueront probablement la prochaine ne surgissent pas de nulle part. Ils sont soit exhumés d'un lointain passé soit empruntés à d'autres régions du globe.

Ainsi, par exemple, dans certains immeubles de Bagnolet et de Toulouse, face à la pression des bailleurs, les locataires, confinés dans des logements insalubres et surpeuplés, ont organisé une grève des loyers. Ce mode d'action avait essaimé aux États-Unis autour de l'idée que si une seule personne refuse de payer, elle peut se faire expulser, mais si ce sont des milliers de personnes qui refusent, elles peuvent réussir à imposer un gel (hydroalcoolique) des loyers et à faire primer le droit au logement sur le droit de propriété privée.

Pour leur part, des professionnels de la restauration, asphyxiés financièrement par de longs mois de fermeture, ont offert à Calais et ailleurs un concert de casseroles. Cette pratique, en vogue en Amérique latine pour critiquer la gabegie des gouvernants, remonte en fait au début de la monarchie de Juillet (1830). Les républicains, armés de leurs assourdissants ustensiles de cuisine, poursuivaient alors des hommes politiques qu'ils estimaient hostiles aux idéaux de la Révolution, tel le jeune Adolphe Thiers.

Ces casserolades et ces grèves de loyers ont eu, dans la France de 2020, une extension et une portée limitées. Mais ne sont-elles pas le signe avant-coureur d'une tendance qui pourrait s'accentuer, surtout si la pandémie est appelée à s'éterniser et le tournant sécuritaire de l'État à perdurer? Je parle de la tendance à l'extra-légalisation des luttes sociales. Les modes de protestation légaux sont en recul : moins de monde en manifestation, moins de grèves, moins de voix pour les partis politiques contestataires. En parallèle, les actions extra-légales sont de plus en plus prisées. La dynamique avait été amorcée durant les années 2000 par les faucheurs d'OGM, les membres du Réseau éducation sans frontières et les militants d'Act Up. Le flambeau est désormais repris par « Nuit debout », « Extinction Rebellion », les « gilets jaunes » et les « zadistes ».

Ces quatre dernières mobilisations présentent des différences liées au profil sociologique de leurs membres, à leur cause prioritaire (démocratie, écologie, justice sociale) et au rapport à la violence, à l'État et aux médias. Mais toutes ont recours à un même mode d'action : l'occupation. Qu'il s'agisse de la place de la République (« Nuit debout »), de la place du Châtelet (« Extinction Rebellion »), des ronds-points ou de Bure, de Sivens et de Notre-Dame-des-Landes (zones à défendre), il s'agit à chaque fois d'habiter un territoire afin de le libérer des logiques marchandes et étatiques. Ces occupations sont illégales et ont conduit à de nombreuses condamnations, quand il ne s'agit pas de mutilations. Notons que le terme d'« occupation » ne désigne pas uniquement un rapport à l'espace. Il s'agit aussi d'un rapport au temps. « Occuper », « s'occuper »,

> « L'occupation nous invite à panser nos subjectivités blessées et nos solidarités détricotées.

c'est habiter le temps d'une façon qui s'émancipe du rythme aliénant du métro-boulot-dodo. La société de consommation nous incite à dé-penser. L'occupation nous invite à panser nos subjectivités blessées et nos solidarités détricotées.

Alors, oui, 2020, dans les conditions si particulières que l'on sait, n'a pas vu fleurir des occupations telles que la place de la République, Notre-Dame-des-Landes ou les ronds-points. Mais la façon dont nous occupons notre temps a été bouleversée, pour le meilleur et pour le pire. Il faut ici se prémunir contre les grandes généralités trop de fois entendues, tant le confinement a été différent pour les personnes selon qu'elles aient été entassées dans un studio en Seine-Saint-Denis ou réfugiées dans une résidence en villégiature. La césure entre classes sociales a été tragiquement accentuée par la crise sanitaire ; en attestent les taux de mortalité en fonction des catégories socioprofessionnelles et du lieu d'habitat[1]. Que tout le monde (ou presque) ait réalisé que les premiers de corvée (soignantes, caissières, livreurs, éboueurs) avaient une utilité sociale supérieure aux premiers de cordée (banquiers, patrons, élus) constitue un lot de consolation bien maigre, et purement symbolique, tant le « monde d'après » n'est qu'une version dégradée du « monde d'avant ».

> Combien sommes-nous à être allés plus loin que le rayon d'un kilomètre, à avoir marché plus longtemps que l'heure autorisée ?

En 2020, donc, point de Désobéissance avec un grand *D* : d'Extinction Rebellion à La France insoumise en passant par les derniers « gilets jaunes » qui plient mais ne rompent point, les contestataires ont troqué leurs actions au grand air pour le cybermilitantisme. Ce dernier peut prendre mille visages : partage d'information sur les réseaux sociaux, confection de mèmes, de GIFs ou de vidéos, meetings en ligne, manifestation sur Twitter afin de faire monter un hashtag en *trending topic*, etc. Mais, quelles que soient l'inventivité et l'énergie déployées par les cybermilitants, il manque toujours à leurs actions une dimension essentielle : la corporéité. Comme l'explique la philosophe Judith

1. Solène Brun et Patrick Simon (dir.), dossier « Inégalités ethno-raciales et pandémie de coronavirus », *De facto*, 19 mai 2020.

Butler : il n'y a pas de politique sans corps qui s'assemblent[1]. Le numérique peut constituer un précieux soutien à la résistance populaire, comme on s'en est aperçu lors des révolutions arabes. Mais en aucun cas le premier ne peut se substituer à la seconde.

Est-ce à dire que le confinement a annihilé toute possibilité de désobéissance ? Non, car ce serait être aveugle aux micro-actes de désobéissance qui, bien qu'impossibles à quantifier, semblent avoir connu un bond dans la période récente. Combien sommes-nous à être allés plus loin que le rayon d'un kilomètre, à avoir marché plus longtemps que l'heure autorisée ? Combien sommes-nous, à l'automne ou cet hiver, à avoir bravé les consignes pour retrouver nos parents ou nos amis ? À être allé voir nos grands-parents à la fenêtre de l'Ehpad lorsque c'était interdit ? Ces infractions individuelles peuvent déboucher sur des résistances collectives. Le passage n'a rien d'automatique et peut-être n'aura-t-il jamais lieu, laissant notre époque sombrer lentement dans l'autoritarisme et l'étouffement – au sens figuré mais aussi au sens propre – des voix discordantes. Mais peut-être aussi sommes-nous, sans le savoir, à la veille de grands tumultes. D'autant que les motifs de mécontentement ne manquent pas : de la gestion de la crise sanitaire à la situation climatique en passant par le creusement des inégalités, les ingrédients du cocktail insurrectionnel sont réunis. Auquel cas, les petits gestes illégaux du confinement annonceraient des révoltes d'une tout autre envergure.

Certains ont condamné ces petits gestes et ont accusé leurs auteurs d'être aussi irresponsables qu'insouciants. D'autres, au contraire, ont vu dans ces gestes la preuve que le sentiment de liberté qui gît au plus profond de chaque être humain n'était pas près de s'éteindre sous les assauts d'un gouvernement au mieux incompétent, au pire corrompu. Ces sentiments contradictoires peuvent d'ailleurs cohabiter en un même individu. Les mêmes personnes ont pu alterner entre un respect scrupuleux des gestes barrière et l'envie de tout faire péter à grands coups de gestes barricade. Indice du fait que l'histoire, indissociable des destinées individuelles à travers lesquelles elle s'incarne, entre dans une phase de grande instabilité.

---

1. Judith Butler, *Rassemblement. Pluralité, performativité et politique*, Paris, Fayard, 2016.

DIPLOMATIE FÉMINISTE

Portée par des pays comme la Suède, le Canada ou la France, la diplomatie féministe est un champ neuf du combat pour l'égalité entre les femmes et les hommes. Une nouvelle frontière prometteuse ou un effet du moment ?

JULIETTE CLAVIÈRE

Directrice de l'Observatoire de l'égalité femmes-hommes de la Fondation Jean-Jaurès

Le 8 mars 2018, le ministre français des Affaires étrangères, Jean-Yves Le Drian, annonçait, à l'occasion de la Journée internationale de la femme, que la diplomatie française se dotait d'une « stratégie internationale pour l'égalité entre les femmes et les hommes ».

Un an plus tard, il enfonçait le clou en revendiquant cette fois la mise en œuvre d'une « véritable diplomatie féministe », qu'il définissait comme « un marqueur de la conception que nous nous faisons de l'ordre international et de l'idée de progrès humain qui lui est associée ».

Depuis près de deux ans, « la diplomatie féministe », un nouveau concept politique, est donc devenue l'oméga de la communication publique du gouvernement en matière de politique internationale. Mais que peut bien recouvrir la diplomatie féministe et comment se met-elle en œuvre ? S'agit-il d'un simple effet de genre ou assiste-t-on à une véritable révolution conceptuelle, un changement de paradigme d'une des politiques publiques les plus structurantes ?

Lorsque Martine Storti présenta en novembre 2020 le rapport du Haut Conseil à l'égalité entre les femmes et les hommes consacré à la diplomatie féministe[1], elle s'interrogea, non sans malice, sur la nature de ce nouveau concept : avait-on affaire à un oxymore ou à un pléonasme ?

> Que peut bien recouvrir la diplomatie féministe et comment se met-elle en œuvre ?

Oxymore pour celles, et surtout ceux, qui voient une contradiction manifeste, voire indépassable, entre cet art du compromis qu'est la diplomatie et le féminisme conçu comme une démarche militante, le plus souvent marquée par la radicalité. Pléonasme pour celles et ceux qui, au contraire, ne voient pas comment une politique en charge des enjeux internationaux digne de ce nom pourrait se passer de s'intéresser à la moitié de l'humanité.

Dans les enceintes multilatérales, la préoccupation d'une diplomatie consacrée aux droits des femmes n'est pas nouvelle. C'est, en effet, dès 1946, qu'est créée au sein des Nations unies la Commission pour la condition de la femme, qui adoptera un tout premier texte en 1953 à travers la Convention sur les droits de la femme. D'autres suivront, comme la Convention sur l'élimination de toutes les formes de discriminations à l'égard des femmes en 1979.

1975 fut déclarée « année internationale de la femme » et marquée par l'organisation à Mexico de la première conférence mondiale sur les femmes. Vingt ans plus tard est adopté le cadre majeur que constituent la Déclaration et le Programme d'action de Pékin signé

1. Haut Conseil à l'égalité entre les femmes et les hommes, *La diplomatie féministe, d'un slogan mobilisateur à une véritable dynamique de changement ?*, octobre 2020.

par 189 pays qui se veut le plus large possible en fixant des objectifs stratégiques dans des domaines comme l'éducation et la formation des femmes, les femmes dans les conflits armés, les femmes et les médias…

Dans le cadre du Conseil de l'Europe, l'adoption en 2011 de la Convention d'Istanbul consacrée à la lutte contre la violence à l'égard des femmes et la violence domestique a marqué une étape importante dans la prise de conscience du caractère systémique de cette réalité, toutes catégories de pays confondues, et en établissant une série d'infractions que les États signataires doivent s'engager à reprendre dans leur législation nationale (violence physique, psychologique, mariage forcé ou encore harcèlement sexuel).

L'attribution du Prix Nobel de la paix en 2018 à Denis Mukwege et Nadia Murad pour leurs actions contre l'emploi des violences sexuelles comme armes de guerre marque aussi une reconnaissance internationale de cette réalité tragique.

Pour autant, aucune de ces enceintes ne revendique « une diplomatie féministe ». Alors, en quoi la diplomatie féministe va-t-elle au-delà du champ du multilatéralisme ? S'agit-il, comme une première intuition pourrait le faire penser, d'une féminisation des acteurs de la politique internationale, d'une diplomatie « féminisée » en quelque sorte ?

Si l'on s'en tient à la naissance de cette orientation politique, force est de constater que celle-ci a été portée sur les fonts baptismaux en 2014 par une femme, Margot Wallström, ministre des Affaires étrangères de la Suède en 2014. En incarnant elle-même cette politique, en créant un poste d'ambassadrice pour l'égalité femme-homme et coordinatrice de la politique étrangère féministe, tout en assurant une promotion active des femmes dans la diplomatie suédoise (qui de 10 % au début du XXIe siècle occupent désormais 40 % des postes), la Suède a clairement démontré qu'une diplomatie féministe ne pouvait être crédible qu'en reposant sur le principe de parité.

« Alors, en quoi la diplomatie féministe va-t-elle au-delà du champ du multilatéralisme ?

Pour la France, la féminisation des acteurs des relations internationales apparaît aussi dans les priorités affichées par le ministère des Affaires étrangères. Mais si la loi Sauvadet, antérieure à la conversion à la diplomatie féministe, oblige depuis 2012 la haute fonction publique à primo-nommer 40 % de femmes aux postes de direction, on constate que ce niveau peine à être atteint. Les derniers chiffres disponibles, mentionnés par le rapport précité du Haut Conseil à l'égalité entre les femmes et les hommes, montrent que les femmes ne représentent que 30 % des postes d'ambassadeurs. Certes, l'année 2020 aura été marquée par l'élévation à la dignité d'ambassadeur de France de deux femmes – fait sans précédent –, mais cela n'est pas suffisant et l'absence d'une incarnation féminine au plus haut niveau apparaît problématique : sur les quatre portefeuilles ministériels relevant actuellement du ministère de l'Europe et des Affaires étrangères, aucune femme n'est titulaire. À ce jour, seule une femme a été ministre des Affaires étrangères.

Mais ce concept se veut-il plus large en définissant une nouvelle étape commune du combat féministe international? Force est de constater que nous n'y sommes pas non plus. D'une part, ce concept n'est partagé à ce stade que par un très petit nombre d'États et, d'autre part, son contenu apparaît à géométrie variable, fragilisant son essence même.

Ce ne sont, en effet, que quatre États qui revendiquent, à ce jour, pratiquer une diplomatie féministe. Sans surprise pour trois d'entre eux : la Suède depuis 2014, le Canada depuis 2017 et la France depuis 2018. Il s'agit de pays partageant une politique nationale active en faveur des droits des femmes, à la tête desquels les responsables politiques sont d'une génération pour laquelle cette question est un marqueur politique indiscutable. La revendication par le Mexique en 2020 pose clairement plus question pour un pays qui détient notamment le très triste record de féminicides du continent américain avec plus de 3800 femmes assassinées en 2019[1].

1. « Féminicides : 3800 femmes tuées chaque année au Mexique », *Le Journal de Montréal*, 25 novembre 2020.

En termes de contenu, un noyau dur semble se dégager à travers l'aide au développement et le renforcement d'un plaidoyer dans le cadre international en faveur de l'égalité femme-homme. Dès 2017, le Canada s'est ainsi doté d'une « politique d'aide internationale féministe », centrée sur six domaines prioritaires en matière de politique de développement. En France, l'aide publique au développement est clairement inscrite au cœur de la stratégie internationale de la France pour l'égalité entre les femmes et les hommes. L'Agence française du développement – principal opérateur de l'État en la matière – doit, d'une part, examiner 100 % de ses projets selon les standards de l'OCDE en matière d'égalité femme-homme et s'assurer du fléchage de 50 % du volume financier de ses projets pour des opérations répondant, soit à titre principal soit de manière significative, à l'objectif d'égalité de genre.

Pour ce qui est du plaidoyer, dès 2018, la Suède a publié à l'attention du reste du monde un manuel présentant les principes de la diplomatie féministe à la suédoise et un premier bilan des actions engagées depuis quatre ans[1].

On peut également souligner l'action du Canada et de la France lors des présidences successives du G7 en 2018 puis en 2019. Le Canada a pris ainsi l'initiative de créer un comité consultatif pour l'égalité destiné à faire de cet objectif une thématique transversale des orientations politiques décidées dans ce cadre. La France, reprenant cette initiative à son tour, a créé le Partenariat de Biarritz, engageant les États participants au G7 à mettre en place des normes ou des pratiques parmi les 79 « meilleures pratiques en la matière » recensées par le comité consultatif[2].

Mais les pratiques marquent aussi des différences et interrogent sur la force du concept. Ainsi, la Suède revendique la dimension intersectionnelle pour sa diplomatie féministe afin de prendre en compte le fait que les populations des États ont des modes de vie, des niveaux

1. Ministère des Affaires étrangères de Suède, *Sweden's feminist foreign policy. Examples from three years of implementation*, octobre 2017.
2. Conseil consultatif du G7, *Recommandations pour l'égalité entre les femmes et les hommes en vue de faire progresser l'égalité entre les femmes et les hommes et l'autonomisation des filles* et *Appel à l'action*, août 2019.

d'influence et des besoins différents. Difficile d'imaginer une telle démarche en France.

De son côté, le Canada intègre une forte dimension sociale et économique. Ainsi, de façon originale, ce pays prévoit-il, dans le cadre des négociations de ses accords commerciaux, l'inclusion de chapitres spécifiques réaffirmant notamment l'engagement des parties envers les accords internationaux sur l'égalité des sexes et des droits des femmes ou encore prévoyant des dispositions en matière d'égalité au travail, voire des choix préférentiels dans le domaine des marchés publics en faveur d'entreprises appartenant à des femmes.

Enfin, et peut-être surtout, du chemin reste à parcourir concernant les relations bilatérales que peuvent avoir ces différents États avec des pays tiers en matière de droits des femmes. L'Arabie saoudite en est un exemple. Le Canada comme la Suède ont clairement fait part de leur opposition au régime wahhabite au sujet de la condition des femmes. Pour sa part, la France s'est montrée beaucoup plus discrète, n'intervenant que tardivement, par exemple sur le cas de la militante saoudienne Loujain al-Hathloul, emprisonnée depuis près de trois ans et condamnée à cinq ans de prison en décembre dernier pour s'être filmée en train de conduire en 2018, quelques semaines seulement avant la légalisation de cette pratique.

Alors, clairement, la diplomatie féministe ne peut être tenue pour un oxymore car, comme pour toute politique publique, la diplomatie pour être légitime et démocratique doit porter le combat pour l'égalité entre les femmes et les hommes.

> La preuve qu'il s'agit d'une nouvelle frontière du combat pour les droits des femmes doit encore être établie.

Il reste que la preuve qu'il s'agit – tant sur le plan national qu'international – d'une nouvelle frontière du combat pour les droits des femmes doit encore être établie. Ce sera sans aucun doute l'enjeu majeur du Forum Génération Égalité qui devrait se tenir en France au moins de juin 2021 pour marquer les vingt-cinq ans de la Déclaration de Pékin, mais aussi une des priorités de la future présidence française du Conseil de l'Union européenne au premier semestre 2022.

FREEDOM

Initiative née dans l'État de Georgie, aux États-Unis, cette ville d'un genre nouveau vise à rassembler des Africains-Américains « et leurs alliés » dans une communauté fermée. Un projet pragmatique à l'heure de « Black Lives Matter » ou un circuit court séparatiste ?

LUDIVINE GILLI
Docteure en histoire, spécialiste des États-Unis

Freedom, de quoi es-tu le nom ? D'une utopie ? D'un projet pragmatique ? D'une envie séparatiste ? Freedom est une initiative née en 2020 dans l'État de Georgie, aux États-Unis. Elle vise à créer une nouvelle ville, Freedom, où les Africains-Américains « et leurs alliés » pourraient vivre et prospérer en toute sécurité. Un havre de paix communautaire en cette période de tensions exacerbées.

Le projet a été lancé à la suite du décès d'Ahmaud Arbery, jeune Africain-Américain abattu par un ancien policier blanc tandis qu'il joggait à proximité de chez lui, dans une bourgade côtière du sud-est de la Georgie. Ce meurtre, dont les images glaçantes ont été diffusées en mai 2020, a déclenché le passage à l'action d'Ashley Scott, résidente d'Atlanta. Autour d'elle, un collectif de dix-neuf familles s'est vite fédéré pour œuvrer à la création de Freedom sur un terrain de 39 hectares acheté à Toomsboro, à 200 kilomètres au sud-est d'Atlanta.

Leur objectif est communautaire : « fédérer des familles noires, prospères et respectueuses des lois[1] » autour du développement d'une communauté innovante, respectueuse de l'environnement et d'une économie ultra-locale, créatrice de richesse et de patrimoine pour les Noirs. Ils comptent engager des entreprises et sous-traitants noirs chaque fois que cela sera possible « afin de maintenir au sein de la communauté noire les dollars qui seront dépensés dans la construction de cette ville et d'assurer un transfert intergénérationnel de richesse[2] ».

Certains s'enthousiasmeront de voir un collectif prendre ainsi son destin en main et s'efforcer d'améliorer son futur et celui de ses enfants. D'autres qualifieront de séparatiste cette initiative qui vise à développer une ville créée par des Noirs pour des Noirs. Les créatrices du projet ne le voient pas ainsi, puisqu'elles déclarent que « pro-Noir ne veut pas dire anti-Blanc ». Elles précisent : « Nous ne voulons pas que les gens croient qu'il s'agit de ségrégation… Nous voulons juste construire un refuge où nous nous sentons en sécurité[3] ». Avant de s'interroger sur le bien-fondé de cette initiative, peut-être faut-il se demander comment le besoin d'une telle entreprise a pu émerger dans les États-Unis de 2020? Comment est-il possible que la création d'une ville *ad hoc* telle que Freedom apparaisse à ses créateurs comme la seule solution pour vivre et prospérer en toute sécurité dans les États-Unis contemporains?

Comment le besoin d'une telle entreprise a pu émerger dans les États-Unis de 2020 ?

La réponse se trouve probablement à la fois dans l'histoire du pays et dans les récents soubresauts qui l'ont parcouru. L'assassinat

1. Ashley Scott, « We're Creating a City in Georgia for Black People to Live Without Racism », *Newsweek*, 1er novembre 2020.
2. *Ibid.*
3. N'dea Yancey-Bragg, « 19 Black families bought 97 acres of land, and they want to turn it into a city called Freedom », *USA Today*, 6 octobre 2020.

d'Ahmaud Arbery a été le déclencheur du projet, qui s'enracine toutefois dans un terreau de violence et de discrimination aussi ancien que le sont les États-Unis.

Les États-Unis ont été créés comme nation inégalitaire, dont la Constitution initiale ne comptait un esclave que pour trois cinquièmes d'un homme, et se sont développés en partie grâce à l'esclavage. L'abolition de ce dernier en 1863, pendant la guerre de Sécession, n'a pas donné lieu à réparation. L'esclavage a laissé place à la ségrégation et à des milliers de lynchages. Il est aujourd'hui aboli et la ségrégation est illégale depuis les années 1950. De nombreux progrès sont advenus, en particulier grâce au mouvement pour les droits civiques, mais les discriminations demeurent.

Les Blancs sont bien plus nombreux dans le pays que les Noirs (qui représentent 13 % de la population). En revanche, si l'on s'intéresse aux proportions d'Africains-Américains affectés par une situation donnée et non aux chiffres bruts, que constate-t-on ? Qu'ils sont beaucoup plus nombreux à être pauvres. Qu'ils sont beaucoup plus nombreux à être incarcérés. Qu'ils sont beaucoup plus nombreux à mourir d'homicides par arme à feu. Qu'en cette période de pandémie, ils sont surreprésentés parmi les victimes.

Et, bien sûr, il y a les violences policières, les Africains-Américains décédés entre les mains des forces de l'ordre : Michael Brown, Eric Garner et ses derniers mots « *I can't breathe* », repris depuis comme slogan.

En 2020, les décès successifs de Breonna Taylor et de George Floyd déclenchent des protestations d'ampleur historique. Le mouvement « Black Lives Matter », lancé en juillet 2013, prend une nouvelle dimension. Selon les sources[1], ce sont 15 à 26 millions de personnes qui participent aux manifestations organisées dans des centaines de villes.

Le mouvement « Black Lives Matter », lancé en juillet 2013, prend une nouvelle dimension.

1. Larry Buchanan, Quoctrung Bui et Jugal K. Patel, « Black Lives Matter May Be the Largest Movement in U.S. History », *The New York Times*, 3 juillet 2020.

Les appels massifs à un changement immédiat, à plus de justice, moins de violence, semblent témoigner d'une prise de conscience de la société américaine.

Des actions concrètes ont vu le jour depuis, à commencer par l'élection de Kamala Harris, première vice-présidente noire, mais aussi les nominations de Deb Haaland au ministère de l'Intérieur et de Lloyd Austin au Pentagone. Le 26 janvier 2021, Joe Biden a signé quatre décrets présidentiels visant à lutter contre le racisme systémique. Dans le domaine sportif, la ligue de baseball a annoncé en décembre 2020 que les performances des joueurs des « ligues noires » de 1920 à 1948 seront incluses dans les statistiques officielles et comparées à celles des joueurs blancs. Les *home runs* de Josh Gibson rejoignent ceux de Babe Ruth et les *strickeouts* de Satchel Paige ceux de Walter Johnson. Ce sont 3 400 joueurs exclus de leur temps par une ligue ségréguée qui sont réintégrés dans l'histoire[1]. La National Football League (NFL) a, de son côté, présenté des excuses officielles et déclaré par la voix de son commissaire : « Nous, la National Football League, admettons que nous avons eu tort de ne pas écouter les joueurs de la NFL plus tôt et encourageons chacun à s'exprimer et à protester pacifiquement. » Dans un tout autre domaine, le visage d'Harriet Tubman devrait faire son apparition sur un billet de banque dans les prochaines années. L'administration Biden vient, en effet, d'annoncer la relance du processus, bloqué par Donald Trump, pour remplacer Andrew Jackson par la militante abolitionnisme sur les billets de vingt dollars. Tout un symbole.

> Le 26 janvier 2021, Joe Biden a signé quatre décrets présidentiels visant à lutter contre le racisme systémique.

Autre indice de changement, la perception de la bannière sudiste évolue dans le pays. En 1992, 69 % des Américains voyaient le drapeau confédéré comme « un symbole de fierté sudiste » davantage qu'un

1. Barry Svrluga, « Baseball finally addresses its racist past, but its work can't end there », *The Washington Post*, 16 décembre 2020.

« symbole de racisme »[1]. En 2000, ils étaient 59 %, en 2015 54 % et en juillet 2020, à la suite du grand mouvement de protestation, ils étaient 43 %. Au même moment, seuls 5 % des Américains déclarent avoir une réaction positive à la vue du drapeau confédéré, tandis que 52 % déclarent n'avoir aucune réaction particulière et 43 % une réaction négative. Ils étaient 30 % à déclarer une réaction négative en 2011[2].

En juin 2020, 67 % des Américains (dont 61 % des Blancs) soutiennent le mouvement « Black Lives Matter ». Toutefois, alors que les débordements s'accroissent et que les affrontements avec les forces de l'ordre s'intensifient, le soutien diminue. En septembre 2020, il est de 55 %, et de 45 % seulement parmi les Blancs. Chez ces derniers, une fracture nette existe entre les démocrates, dont 88 % maintiennent leur soutien, et les républicains, parmi lesquels le niveau d'adhésion a reculé à 16 %[3].

De nombreux signes, plus ou moins symboliques, témoignent d'une évolution de la société américaine et d'une conscience accrue des inégalités qu'elle entretient.

De nombreux signes, plus ou moins symboliques, témoignent d'une évolution de la société américaine et d'une conscience accrue des inégalités qu'elle entretient. Cet élan pourra-t-il tenir sur le long terme et amener les évolutions profondes exigées par la communauté noire ? Les quatre dernières années et les évènements de 2020 ont contribué à radicaliser une frange peu visible auparavant à l'extrême droite de la société. Au mouvement « Black Lives Matter » se sont opposés, en réaction, les mouvements « Blue Lives Matter » et « White Lives Matter », certes d'ampleur bien moindre. Des organisations telles que les Proud Boys, QAnon et des groupuscules suprémacistes blancs ont mobilisé comme jamais

1. Sondage Gallup, « Americans Divided on Southern States Flying Confederate Flag », 9 mai 2000.
2. Sondage Pew research Center, « Positive Reaction to the Confederate Flag », 18 mai 2011.
3. Sondage Pew Research Center, « Support for Black Lives Matter has decreased since June but remains strong among Black Americans », 16 septembre 2020.

des coalitions improbables pour culminer avec l'émeute du 6 janvier 2020 au Capitole.

Des lignes de fracture profondes se sont creusées aux États-Unis. Pas tant entre communautés ethniques qu'entre l'ensemble du pays et une certaine droite, révoltée, galvanisée par Donald Trump. Ce dernier a fini, bon gré mal gré, par quitter ses fonctions, mais le trumpisme demeure. Le nouveau président Joe Biden s'est donné pour mission de réunifier le pays. La tâche sera ardue, mais il pourra s'inspirer des mots déclamés par la jeune poétesse Amanda Gorman lors de son investiture le 20 janvier 2021 :

« And yes we are far from polished, far from pristine,
But that doesn't mean we aren't striving to form a union that is perfect.
We are striving to forge a union with purpose,
To compose a country committed to all cultures, colors, characters and conditions of man[1]. »

---

1. Extrait de « The Hill We Climb », poème original écrit et lu par Amanda Gorman lors de l'investiture de Joe Biden le 20 janvier 2021.

FUTUROLOGIE

La figure du futurologue émerge dans le débat public avec une promesse : décrypter le présent afin d'anticiper les répercussions d'aujourd'hui sur demain. Une forme de résistance par l'anticipation des catastrophes futures et l'ambition de produire de nouveaux récits collectifs.

FANNY PARISE

Anthropologue des mondes contemporains,
Institut lémanique de théologie pratique,
université de Lausanne

Aujourd'hui, nous sommes au cœur d'une guerre dont nous ignorons tout, même son existence. Il s'agit d'un affrontement pour la suprématie des futurs où inventeurs, futurologues et scénaristes de science-fiction se livrent un combat sans merci pour préempter une réalité qui n'existe pas encore. Ils nourrissent secrètement le rêve de modeler le monde de demain à leur image par la création de nouveaux grands récits collectifs. Ces prédicateurs d'un nouveau genre captent les signaux faibles actuels, les tendances structurelles et les mettent en scène au sein de prophéties, pour la plupart millénaristes. Une figure semble se démarquer, celle du futurologue, nouvelle coqueluche des médias. Son crédo est simple : décrypter le présent afin d'anticiper les répercussions d'aujourd'hui sur demain. Une sorte de résistance au présent par l'anticipation des catastrophes futures.

> Une sorte de résistance au présent par l'anticipation des catastrophes futures.

La futurologie peut se définir comme une discipline (non reconnue comme une science) qui s'attelle à aborder les différents scénarios possibles de l'avenir, en s'appuyant sur des données technologiques, économiques ou sociales du passé, comme du présent. La futurologie repose sur l'idée suivante : chacun prend des décisions qui vont influencer l'avenir, décisions en relation avec sa vision personnelle du futur, même si c'est de manière intuitive ou implicite. En pratique, le futurologue est spécialiste d'un sujet de société (intelligence artificielle, collapsologie, énergie, etc.), souvent ancien expert en stratégie ou en communication reconverti, ce qui lui permet de donner son analyse sur l'actuel, et ainsi proposer différents scénarios (probables, souhaitables ou non) pour demain lui semblant les plus pertinents par rapport à ses connaissances, mais également selon ses convictions ou ses croyances. Les futurologues permettent d'interroger le présent à travers leurs propositions d'avenir.

Le contexte macro-sociologique de crise systémique (écologique, économique, sanitaire, religieuse) conduit au développement de récits collectifs nouveaux, afin d'affronter l'incertitude de l'avenir, par la captation des peurs, des fantasmes et des aspirations d'une époque, tel un miroir de nos sociétés. Le futur officie à rendre « réel » ces récits collectifs grâce à la mobilisation de deux concepts : celui du génie tutélaire[1] et celui de « mana ». La notion de mana[2] désigne en anthropologie l'émanation de la puissance spirituelle du groupe et contribue

1. Il s'agit d'une entité héritée ou acquise présidant à la destinée d'un individu, d'une collectivité, d'une époque, d'un lieu ou d'une ville, et cela de façon bénéfique.
2. Initialement, un concept polynésien que l'on retrouve au sein d'autres cultures, sous des appellations différentes.

à le rassembler. Le mana est, selon Marcel Mauss[1], créateur de lien social. La force mana permet de créer un « esprit collectif ». Cette croyance collective va ensuite donner du sens aux pratiques individuelles, suivant un principe fédérateur. Éric Fouquier s'est intéressé à ce mécanisme à propos du « *made in France* ». Il décrypte la construction imaginaire des produits fabriqués en France et l'impact de ces derniers sur les pratiques de consommation, grâce à la mobilisation de ces deux concepts. Pour lui, « le génie français, puissance magique postulée secrètement sous la rationalité du "label France", est ainsi à rapprocher d'une forme de pensée primitive plongeant ses racines bien au-delà de la société des consommateurs[2] ». Le mode fétiche fait jouer à la figure du futur un « rôle d'anticorps face aux difficultés créées par la civilisation hypermoderne[3] » qui engendre une nécessité de réinventer à la fois les pratiques de consommation et nos modes de vie, mais également de donner du sens à notre quotidien et, plus largement, à la vie en société. L'évocation de génies tutélaires – « le futur sera », « la place de l'homme demain dans le monde », « grâce aux avancées technologiques », etc. – semble relever d'une approche déductive partiellement rationnelle, occultant certains faits et s'appuyant sur des convictions, parfois stéréotypées. Par exemple, le « génie futur » permet d'occulter l'imprévisibilité d'un quotidien anxiogène au profit d'un futur lointain, qu'il soit catastrophique ou enchanté. Ainsi, l'évocation d'un génie tutélaire permet l'adhésion à un système de valeurs et de représentations. Les croyances portées par le futur et leur traduction en pratiques de consommation vont constituer un système de valeurs (ou « esprit » collectif). Cet « esprit » collectif s'incarne, par exemple, à travers les discours des futurologues qui vont donner une cohérence aux intuitions ou aux incompréhensions des individus. Le « génie futur », lui, aurait la capacité de porter un récit, une fable contemporaine, permettant

> « Connaître l'avenir a toujours été une préoccupation importante, quelle que soit la civilisation.

1. Félicie Nayrou, « Essai sur le don. L'inquiétante oralité dans l'ombre de la structure », *Revue française de psychanalyse*, vol. 65, n°5, 2001, pp. 1507-1520.
2. Éric Fouquier, « La France, ses produits et la pensée magique », *Revue française de gestion*, vol. 218-219, n° 9-10, 2011, pp. 93-105.
3. *Ibid.*

de donner une cohérence à la vie quotidienne et ainsi réduire les dissonances cognitives liées à la nouvelle gestion culturelle du risque avec laquelle les individus occidentaux doivent à présent composer.

S'intéresser aux futurs n'est pourtant pas un phénomène nouveau. Voyants, druides, chamanes, prophètes, etc., tous semblent avoir la même mission : prêcher la parole du futur ou, plus précisément, leurs bonnes paroles des futurs. Connaître l'avenir a toujours été une préoccupation importante, quelle que soit la civilisation : savoir si la chasse va être bonne, si une sécheresse ou une pluie va frapper la communauté ou encore s'il faut attaquer le royaume voisin, etc.[1] Comme l'explique Nicolas Nova, professeur associé à la Haute École d'art et de design à Genève, « chaque époque a connu ses propres oracles[2] », officiant suivant un principe de pensée magique. La pensée magique donne une illusion de contrôle sur des événements semblant échapper à toute logique. Pour Derek Bolton, professeur à l'Institute of Psychiatry du King's College à Londres, la pensée magique est « l'explication de phénomènes réels par des causes irrationnelles[3] », rendant compte de sa fonction sociale, comme l'analyse l'anthropologue, ethnologue et sociologue Bronislaw Malinowski à propos du recours à la magie des Trobriandais : « Les croyances magiques apparaissent pour parer à l'incertitude des entreprises humaines, fortifier la confiance, réduire l'anxiété et fournir une échappatoire à une impasse apparente[4]. » En 2021, les futurologues sont loin de faire l'unanimité. Pour Jean-Gabriel Ganascia, professeur d'informatique à la faculté des sciences de Sorbonne-Université, ils sont des leaders d'opinion, mais ils n'ont pas une vraie légitimité scientifique, et pour le philosophe Nassim Nicholas Taleb, les futurologues ont une certaine tendance à oublier les événements imprévisibles aux conséquences

1. Fabien Goubet et Florian Delafoi, « Les techno-prophètes sont parmi nous », *Le Temps*, 13 avril 2018.
2. *Ibid.*
3. Derek Bolton, Pamela Dearsley, Richard Madronal-Luque et Simon Baron-Cohen, « Magical thinking in childhood and adolescence: development and relation to obsessive compulsion », *British Journal of Developmental Psychology*, vol. 20, n° 4, 2010, pp. 479-494.
4. Alain Quesnel, *Les mythes modernes. Actualité de la culture générale*, Paris, Presses universitaires de France, 2003.

majeures[1]. D'un point de vue anthropologique, l'attrait non seulement pour le grand public, mais aussi pour les entreprises qui font de plus en plus appel aux futurologues (notamment à travers des démarches prospectivistes ou de *design fiction*) permet d'expliciter plusieurs phénomènes. Le premier concerne la peur du futur et sa nécessité de le rationaliser en période de crise, de rendre supportable l'incertain. Le deuxième est que le futur représente un enjeu fort pour les entreprises et les experts, il s'agit de s'adapter pour survivre. Enfin, dernier phénomène remarquable : la culture du divertissement influence nos imaginaires du futur, elle propose ainsi des mises en scènes narratives pour s'immerger dans les récits des futurologues et ainsi permettre une modélisation de la réalité par la fiction.

Appréhender le futur comme un phénomène culturel à part entière, c'est, en réalité, s'interroger sur les relations entre l'imagination, les anticipations (comprenant à la fois les attentes et les spéculations), les aspirations (l'espoir), les sensations et les affects. Cette mise en action de nos connaissances et de nos émotions va mettre en place une sorte de moteur de l'innovation technologique. En ce sens, l'imaginaire est exploité en tant qu'espace propice à globaliser les découvertes technoscientifiques, une sorte de placement de produit avant l'heure. Comme l'analyse Emmanuelle Caccamo, sémiologue et chercheuse associée au CRICIS, les chercheurs observent deux mouvements simultanés qui participent à créer des ponts entre fictions et technologie : « d'une part, les technosciences qui utilisent la science-fiction pour devenir socialement acceptables, de l'autre, la science-fiction qui est une source d'inspiration pour construire les objets technologiques de demain[2] ». En effet, il existe des liens de proximité forts entre la science appliquée à l'industrie (les

> « S'interroger sur les relations entre l'imagination, les anticipations, les aspirations, les sensations et les affects.

1. Fabien Goubet et Florian Delafoi, « Les techno-prophètes sont parmi nous », *Le Temps*, 13 avril 2018.
2. Emmanuelle Caccamo, « Le langage visuel et médiatique au service de la rhétorique transhumaniste : effets de réel et sémiose ambiguë dans la websérie H+: the Digital Series », *Eikon, Journal on Semiotics and Visual Culture*, 2017.

technosciences) et la science-fiction : « La science-fiction contribue à produire un imaginaire social de l'innovation technique[1]. » Une relation étroite existe également entre le réel et la fiction : les films et les séries TV s'adaptent aux événements de la vie quotidienne afin d'être au cœur des préoccupations des individus. C'est notamment le cas avec des films comme *Sonbird*[2] (disponible sur la plateforme culturelle numérique Prime), un des premiers films d'action confinés qui propulse notre réalité en 2024, dans un monde où la pandémie du Covid-19 n'est toujours pas terminée. Ce type d'intrigue met en tension « effet de réel » avec impression de réalité. Comme l'explique Emmanuelle Caccamo, si « l'impression de réalité joue sur un rapport de concordance avec la représentation que l'on a de notre réalité – un vraisemblable –, l'effet de réel joue sur un rapport d'intersection, un point d'accrochage entre le factuel et la représentation fictionnelle[3] ». Cette dynamique participe à brouiller les frontières entre le vrai et le faux, entre la prospective et la futurologie. Pour l'essayiste Antoine Buéno, alors que la prospective a pour objet d'envisager l'avenir le plus rationnellement possible à partir des données actuelles, la futurologie envisage, quant à elle, l'anticipation à travers la manière dont le futur a été imaginé par le passé et la fiction. Ces « effets de vraisemblance » participent à rendre les frontières de plus en plus poreuses entre la fiction et la réalité : c'est ce que l'ethnologue et anthropologue Marc Augé appelle la « crise des imaginaires[4] ». Il y aurait ainsi une confusion entre les trois piliers de l'imaginaire : individuel (par exemple, le rêve), collectif (le mythe, le rite et le symbole) et fiction (la création littéraire ou artistique). Cette confusion ferait peser une menace sur l'ordre social, chaque culture se devant d'instituer des frontières spécifiques entre le rêve, la réalité et la fiction.

Une relation étroite existe également entre le réel et la fiction.

1. *Ibid.*
2. Renaud Baronian, « *Songbird*, le premier film d'action confiné arrive sur Amazon Prime Vidéo », *Le Parisien*, 14 janvier 2021.
3. Emmanuelle Caccamo, *art. cit.*
4. Marc Augé, *La Guerre des rêves, exercices d'ethnofiction*, Paris, Le Seuil, 1997.

Plus précisément, cette porosité entre les piliers de l'imaginaire va de pair avec une phygitalisation (hybridation entre la vie réelle, la vie digitale et la vie virtuelle) croissante de nos modes de vie, conduisant à l'instauration de nouvelles références narratives aux contenus plébiscités par les individus. Le réel se construit à présent comme une image en y intégrant une dimension esthético-émotionnelle (le virtuel, la 3D, etc.). La technologie devient une extension de soi au quotidien grâce à l'augmentation de ses capacités démonstratives, conduisant à l'instauration de nouveaux signes et de modalités d'interactions sociales associées. Ces nouvelles exigences transcendent l'univers professionnel et de loisirs. Elles proposent des univers visuels distincts, reposant sur une expérience immersive et ludique, amenant l'individu à une réflexion morale par rapport aux éléments présentés, suivant un principe similaire provoqué par la littérature ou les séries télévisées[1]. Ces univers sont mis en scène grâce à deux imaginaires principaux du futur : le premier, celui de la démesure technologique où la technologie est présentée comme anxiogène et le deuxième, à l'inverse, celui de l'effondrement écologique où l'apocalypse climatique conduit à réinventer des modes de vie sans technologie et basés sur le localisme. Pour Ariel Kyrou, ces deux imaginaires se « conjuguent pour susciter en nous une sidération, un court-circuit de la pensée et de l'action[2] ». Ces univers prennent forme à travers des dystopies ou des récits post-apocalyptiques. Ces histoires sont à la fois libératrices, politiques et porteuses d'espoir. Ces récits s'ouvrent sur un monde dévasté, où une poignée d'individus déboussolés tente de survivre. Ils ont en commun de faire table rase du monde actuel sur lequel nous n'avons plus aucune prise. Sur les décombres du passé, on imagine la possibilité d'un monde meilleur : c'est-à-dire l'opportunité d'une deuxième chance[3]. Dans

> Une phygitalisation (hybridation entre la vie réelle, la vie digitale et la vie virtuelle) croissante de nos modes de vie.

1. Sandra Laugier, *Nos Vies en séries*, Paris, Flammarion, 2019.
2. Ariel Kyrou, *Les Imaginaires du futur*, Paris, Éditions Actusf, 2020.
3. Cédric Fabre, « La fiction postapocalyptique permet de regarder l'histoire depuis des ruines », *Usbek et Rica*, 23 avril 2020.

ce contexte, le futur apparaît comme le nouvel exotisme anthropologique. Un eldorado intellectuel où l'exploration de réalités qui n'existent pas encore semble pouvoir apporter espoir et résistance à un présent de plus en plus chaotique et incertain. Ces imaginaires et leur incarnation officient suivant une logique similaire à celle des utopies du siècle des Lumières : se projeter dans l'« après » pour changer les pratiques dès à présent.

> « Le futur apparaît comme le nouvel exotisme anthropologique.

GÉOMIMÉTISME

Contraction entre « biomimétisme » (s'inspirer de la nature dans nos procédés techniques) et « géo-ingénierie » (les pratiques humaines visant à modifier le climat), le géomimétisme développe une approche systémique nouvelle visant à réencastrer l'humanité dans les limites planétaires.

PIERRE GILBERT

Auteur et prospectiviste en matière de risques climatiques

UN CONCEPT NOUVEAU QUI PRÉVIENT DES TENTATIONS DÉMIURGIQUES EN MATIÈRE DE CLIMAT

Le géomimétisme est une contraction entre « biomimétisme », c'est-à-dire le fait de s'inspirer de la nature dans nos procédés techniques ou organisationnels, et « géo-ingéniérie », qui désigne les pratiques humaines visant à modifier le climat. Le géomimétisme consiste donc à avoir un impact global sur le climat en imitant la nature, en protégeant, renforçant ou reproduisant des puits naturels de carbone, c'est-à-dire les forêts, les sols agricoles, les zones humides, le permafrost et les océans.

Mais renforcer la capacité de ces milieux à absorber du CO_2 ne se fait pas n'importe comment. Par exemple, on observe généralement que la reforestation à grande échelle, dans certains pays, se fait par des monocultures d'arbres. On plante une seule espèce – comme des eucalyptus ou des pins douglas – sur des centaines d'hectares, car ces essences poussent vite. Derrière, on a généralement des entreprises qui vendent des « solutions de compensation carbone » à d'autres entreprises qui veulent verdir leur bilan. Cette façon de reforester n'est pas durable, et pour cause. Il n'y a pas de monoculture dans la nature. On observe ainsi que, généralement, la sylviculture « industrielle » assèche les sols et perturbe l'équilibre entre les essences, à tel point que les entreprises forestières utilisent des pesticides, herbicides (comme du glyphosate) et même des engrais. La biodiversité de la forêt n'est pas présente pour protéger les arbres et entretenir les cycles de nutriments, car une seule essence n'abrite que très peu d'animaux. On parle même parfois de « déserts biologiques ».

> Le géomimétisme consiste donc à avoir un impact global sur le climat en imitant la nature.

À l'inverse, le géomimétisme appliqué à la reforestation consisterait à reproduire un écosystème forestier complexe en mélangeant des essences locales, capables par ailleurs de résister au réchauffement climatique des prochaines décennies. Cela permet de recréer un écosystème durable dans lequel chaque élément de biodiversité peut jouer son rôle dans le cycle du carbone, mais aussi des autres cycles fondamentaux pour la bonne santé des plantes (eau, azote, phosphore, fer, etc.). Sans ces équilibres, pas de durabilité. C'est d'ailleurs ce qui distingue radicalement le géomimétisme de la géo-ingénierie.

UNE UTILITÉ CROISSANTE DANS LE DÉBAT PUBLIC

À mesure que les États tardent à prendre les bonnes mesures pour lutter contre le changement climatique, les partisans de la géo-ingénierie s'activent de plus en plus vertement. Ils font miroiter des technologies qui seraient capables de filtrer et stocker assez de CO_2 atmosphérique pour limiter sensiblement l'augmentation des températures. Or, quand on se penche sur ces technologies, on se rend compte que leur potentiel est très limité. Il faudrait, en effet, d'énormes quantités d'énergie et de métaux pour construire et faire fonctionner ces infrastructures, mais aussi des lieux de stockage géologique hermétiques pour le CO_2.

En vantant la géo-ingénierie auprès des décideurs publics, le risque n'est pas tant de voir démarrer des projets, mais bien de perdre du temps en se disant qu'on peut retarder l'urgente transition énergétique. Par ailleurs, avec la COP26, la société civile va mettre la pression sur les États pour qu'ils adoptent non seulement un objectif revu à la hausse (trajectoire +1,5 degré) mais aussi pour que ces objectifs soient contraignants juridiquement. Or, si le lobby de la géo-ingénierie réussit à convaincre les décideurs qu'on pourra dans le futur ramener artificiellement nos émissions sur la bonne trajectoire, pourquoi se contraindre à court terme ?

Dans les négociations climatiques (COP, etc.), on appelle « émissions négatives » l'ensemble des pratiques qui peuvent piéger du carbone atmosphérique, de la reforestation à grande échelle à l'agroécologie en passant par le CCS (capture du carbone et stockage en sortie de cheminée) et la géo-ingénierie. C'est donc une appellation floue qui donne une place déterminante à la géo-ingénierie. Parler de « géomimétisme » à la place d'« émissions négatives » permettrait de clarifier un cahier des charges compatible avec la biodiversité et l'ensemble des autres objectifs de développement durable de l'ONU (les fameux ODD). On ne miserait de fait que sur un renforcement des puits naturels de carbone, donc une préservation accrue de la biodiversité. Des pistes réalistes, car déjà pratiquées et mesurées (on sait maintenant bien modéliser ce qu'absorbent les forêts, les sols agricoles, etc.), contrairement à la géo-ingénierie, dont les technologies ne sont pas assez maîtrisées pour pouvoir donner lieu à des modèles prévisionnels sérieux. vLes ambitieux pour le climat doivent donc s'approprier et imposer ce terme, pour remplacer « émissions négatives ».

Les ambitieux pour le climat doivent donc s'approprier et imposer ce terme, pour remplacer « émissions négatives ».

Le concept de géomimétisme permet par ailleurs de casser la séparation qui est souvent faite entre atténuation et adaptation au changement climatique. En effet, dans les engagements des États, on fait souvent deux colonnes : l'une avec les actions d'atténuation (c'est-à-dire de limitation des émissions de GES, par la transition énergétique notamment), l'autre avec des actions d'adaptation (le fait de préparer nos infrastructures et territoires aux impacts du changement climatique). Or, là encore, le géomimétisme permet de faire les deux à la fois. En effet, quand une forêt ou une zone humide est en bonne santé, qu'elle absorbe donc beaucoup de CO_2, alors il y a plus de matière organique, qui absorbe plus d'eau (un sol en bonne santé agit comme une éponge) et qui rend les milieux moins vulnérables aux incendies ou aux sécheresses. Les zones humides sont des réserves pour les rivières et l'irrigation en été, par exemple. Pour le géomimétisme, l'atténuation et l'adaptation au changement climatique est un tout.

En France, comme ailleurs, de plus en plus de gens arrivent à l'idée que l'écologie est par définition transverse : tous les secteurs d'activité doivent évoluer. Certains parlent « d'écologie intégrale » pour illustrer cette idée, en insistant sur la complète interdépendance des écosystèmes naturels et humains (écosystèmes sociaux, économiques…). Le géomimétisme incarne parfaitement cette logique, en expliquant que la lutte climatique et la préservation de la biodiversité sont un tout, puisque c'est la biodiversité qui garantit la bonne santé des puits de carbone. De plus, des puits naturels de carbone en bonne santé produisent plus de matière organique, plus de « services écosystémiques » très valorisables sur le plan économique (et surtout sur le plan de l'emploi) que des écosystèmes en mauvaise santé.

L'écologie est par définition transverse : tous les secteurs d'activité doivent évoluer.

Or, si l'on veut sortir des énergies fossiles et de l'industrie thermique pour se diriger vers les énergies renouvelables et l'industrie organique « douce », alors il faut que nos économies se basent uniquement sur la « plus-value » de matière organique produite par les écosystèmes naturels. C'est ce que l'humanité a toujours globalement fait jusqu'à ce qu'on exploite les ressources énergétiques fossiles du sous-sol. Depuis lors, nous avons été déconnectés des cycles naturels par la surabondance énergétique, ayant permis un essor de la prédation des ressources et de l'industrie thermique (une industrie qui utilise les hautes températures pour transformer la matière, généralement des métaux, minéraux, plastiques, etc., contrairement à l'industrie « douce » qui transforme la matière grâce à des procédés physico-chimiques présents dans la nature, donc à température ambiante). Il faut réencastrer l'humanité dans les limites planétaires, donc dans la limite de la plus-value issue des milieux naturels exploités durablement. C'est l'intuition fondamentale du géomimétisme : puisque les sociétés humaines sont dépendantes des cycles naturels, comme le cycle de l'eau, du carbone, du phosphore, azote, etc., alors, en renforçant les puits naturels de carbone nous renforçons notre économie post-carbone basée essentiellement sur la matière organique.

« Il faut réencastrer l'humanité dans les limites planétaires. »

GRAND EST

En première ligne de la crise du Covid-19, déjà marquée par plusieurs des grandes mutations sociales actuelles, la région Grand Est peut s'appuyer sur l'ouverture et le temps long pour forger son avenir. Regard d'écrivain sur ce futur.

LAURENT PETITMANGIN

Auteur de *Ce qu'il faut de nuit*
(La Manufacture de livres, 2020)

« Grand Est », il est cocasse de demander à un expatrié d'en faire la chronique, comme si cette nouvelle entité avait besoin d'un reflet distancié pour se définir. Comme si l'expatriation ne disait déjà pas quelque chose de signifiant sur cette région, et ce rester-partir qui l'a toujours accompagné.

« Grand Est », on sent le cap, l'envolée, on espère la mer, et on ne sera pas déçu. « Grand Est », deux syllabes quand il en fallait plus de dix auparavant pour nommer cet immense pays. Près de deux fois la superficie de la Belgique. J'éprouve un vrai plaisir à cette terre agrandie. J'aime savoir cette nouvelle parenté, me souvenir que j'ai adoré Givet, que Strasbourg ne m'a jamais déçu. Désormais, nous faisons force. Pourtant, quelle peine à remplacer sur ma plaque minéralogique mon bel écu d'or à la bande de gueules chargée de trois alérions d'argent, et, pour être tout à fait honnête, il a fallu un accrochage pour que le carrossier le fasse d'autorité. Désormais, je roule Grand Est. C'est simple, c'est bleu. Si on y prête attention, il y a une fracture verticale dans le « E », j'espère que ce n'est pas trop grave. Car les fractures géographiques, je crois les avoir toutes entendues pour justifier l'hérésie de cet assemblage, les fameux sillons, les côtes de Meuse, de Moselle, les Vosges, autant de barrières « naturelles » au développement de ce grand territoire. Les lignes donc, et les forces centrifuges aussi : cet appel des frontières, appelé à disperser la nouvelle région, à lui faire perdre toute teneur, chacun occupé dans son coin, avec des intérêts plus évidents, plus essentiels, Charleville et sa Belgique, Longwy et Thionville et leur Luxembourg, Sarreguemines, plus proche de Sarrebruck que de Metz, le pont de Kehl, et encore le Bas-Rhin avec Bâle et Fribourg.

> Cette proximité, c'est surtout un long travail sur soi.

Et si cette ouverture aux pays frontaliers, loin d'être un empêchement à la construction de cette nouvelle région, était au contraire le premier marqueur de ce Grand Est ? Et si tout ce qu'on avait appris, enfant, ne s'avérait pas ? Ce fameux carrefour de l'Europe, tant seriné, (mais quelle région ne le revendiquait pas ?), et pour mieux nous en convaincre, l'argument massue, « notre » Lorraine, seule région française frontalière avec trois pays. Quatre désormais pour le Grand Est. 700 kilomètres de frontière. Fierté dans les rangs. Plaisir. Car cette proximité, c'est d'abord un plaisir. Cela devrait l'être en tout cas, et j'espère que les jeunes générations font, elles aussi, les excursions nécessaires à Trèves ou dans les forêts belges de Saint-Hubert. Une expérience personnelle, marquante, fascinante. L'excitation de passer une frontière, d'y chercher mille ressemblances, et autant de différences. Une initiation. Cette proximité, c'est surtout un long travail sur soi qu'ont accompli plusieurs générations. Le regard plein de bienveillance de mes grands-parents sur mes correspondants allemands ! Aucune rancune chez des gens qui auraient eu toutes les raisons d'en avoir, au contraire, leur joie de constater qu'il en allait désormais autrement pour les jeunes, qu'il y avait cette fois de bonnes chances que cela perdure : ce qu'ils avaient tant espéré, ils le voyaient de leur vivant ! Nul oubli du passé, nul laisser-aller. De la force, plutôt, et un refus de l'amalgame, une intelligence simple mais puissante, qui comprend, mieux que quiconque, sans livre, sans démonstration économique ou géopolitique, l'intérêt, la chance peut-être, de bien vivre avec ses voisins. Qui comprend spontanément ce que représente cette capillarité, ces communautés d'intérêt. Une proximité qui assure désormais un travail à beaucoup, qui maintient des villages en vie, qui les développe même. Tout n'est pas rose, cela coince dans les transports, autoroutes surchargées et dangereuses, trains saturés, cela crée des à-coups sur l'immobilier, des fractures entre les frontaliers et ceux qui restent au pays, « les lotissements de richards », mais personne ne songerait vraiment à revenir en arrière, et quand les frontières, sous la menace du Covid-19, se ferment temporairement, c'est l'inquiétude. Alors – et ne serait-ce pas l'image de 2020 ? –, il faut le ballet d'hélicoptères, nos malades accueillis chez les voisins, pour se conforter et se convaincre, s'il le fallait encore, que les liens sont profonds. Et on comprend mieux ainsi qu'au sein de ce Grand Est il y ait des villes et des régions qui ne veulent rien perdre de cet attachement à ces pays, elles ont des plans de développement commun, elles travaillent le temps long, et elles ne veulent pas s'en laisser divertir.

Et ce temps long, cette aspiration à un développement pérenne, j'en ferais volontiers l'autre marqueur puissant de notre nouvelle région. Il y a une intelligence des gens du Grand Est sur leur territoire. Une conscience, une réflexivité. Ou, dit plus simplement, une lucidité. Je crois que nous en comprenons le rythme, les possibilités. Les limites aussi. Tout cela souvent appris dans la douleur. Parfois, on souhaiterait davantage de fulgurance, ambition diront certains, mais je nous crois désormais attachés à ce temps long, plutôt qu'aux concepts trop vite assénés ou trop volatils. Ce temps long, il convient à notre histoire, à ce que nous sommes, aux liens qu'on souhaite établir. Peut-être a-t-on aussi appris à se méfier. Il y a des noms qui engagent à la prudence, Daewoo, aujourd'hui Smart (pourtant, on y a cru aux véhicules électriques !). Demain Amazon ?

« Ce temps long, il convient à notre histoire, aux liens qu'on souhaite établir.

Ce balancier, ces territoires déshabillés à plusieurs reprises, les promesses, les espoirs déçus, le sentiment d'une malédiction, marche d'Echternach (et encore !), tout ceci explique aujourd'hui l'aspiration, logique, raisonnable, à explorer des voies bien plus pérennes. Cela n'empêchera pas de plonger encore dans quelque aventure, d'annoncer avec orgueil (ou est-ce pragmatisme ? ou résignation ?) la première usine de Huawei hors de Chine, et immédiatement se souvenir que rares sont les grands groupes à nous avoir réussi, et aussitôt se demander si une telle implantation est bien cohérente avec le développement durable. Car ce genre de contradictions, il y en a, et il y en aura encore, on n'a guère les moyens, à ce jour, de faire trop les difficiles (« narreux », dira-t-on chez moi) : en 2020, c'est bien une nouvelle ligne de front qu'a connue le Grand Est, meurtri par la première vague et à nouveau sévèrement touché par la seconde. Et, personne, à cette crise sanitaire, ne souhaite ajouter une crise économique, dont on sait la violence, qui sonnerait comme une double peine. Alors, va pour les emplois peu qualifiés, qu'on délocalisera à souhait. En attendant mieux.

Il va falloir apprendre à composer avec ces contradictions, avec ces lignes de haute tension. Et surtout inscrire la région sur des dynamiques de fond, celles qui seront garantes du temps long. Il y a de beaux défis. Suffisamment urgents. Suffisamment transversaux pour impliquer tous les acteurs et s'y colleter sans attendre. Avec autant de champs, de vignes et de forêts, le Grand Est peut raisonnablement imaginer être en pointe de l'écologie. Et, avec cette ouverture sur l'étranger, son potentiel de recherche, séduire des investissements et fédérer autour du numérique, et, pourquoi pas, préempter les domaines d'intelligence artificielle. Ce sont de belles raisons de croire. Plutôt fédératrices. Il en faut pour donner confiance, et entretenir une mobilisation. Le Grand Est s'est doté au printemps 2020 d'un *Business Act*, c'est un programme, cela reste aussi, qu'on le veuille ou non, un exercice de communication, et pour ces raisons, on l'a dit, il peut susciter une légitime prudence, mais il cible les défis à venir, il parle de confiance et d'envie, de transversalité et

« Avec autant de champs, de vignes et de forêts, le Grand Est peut raisonnablement imaginer être en pointe de l'écologie.

de convergence, il parle d'actions de fond et d'intelligence locale, autant d'éléments qui ont du sens, et correspondent aux hommes et aux femmes de la région.

Une communauté ne se crée pas si vite. Il faudra compter sur des résistances, des tremblements, le sentiment d'un mieux avant, ou ailleurs, bien des remises en cause avant d'admettre la complétude de cette entité. S'il est difficile d'en dire avec certitude ce qui en fera le succès, on voit déjà ce qui ne fonctionnera pas, tout ce qui pourra être assimilé à carcan, dirigisme ou autoritarisme, tout ce qui viendra de trop haut ou de trop loin, tout ce qui ne respectera pas les valeurs de cette région, et en premier lieu son ouverture européenne et son souci de bâtir dans la durée.

> « Il faut le ballet d'hélicoptères, nos malades accueillis chez les voisins, pour se conforter et se convaincre, s'il le fallait encore, que les liens sont profonds.

LIENS FAIBLES

Des liens différents des solidarités familiales, professionnelles et amicales traditionnelles jouent de plus en plus un rôle clé dans nos socialités. Une importance redoublée avec la « distanciation sociale » désormais au cœur de nos vies, avec de nouvelles formes d'interdépendances.

SANDRA LAUGIER
Professeure de philosophie de classe exceptionnelle
à l'Université Paris 1 Panthéon-Sorbonne,
auteure avec Alexandre Gefen de *Pouvoir des liens faibles*
(CNRS Éditions, 2020)

Liens faibles : c'est l'expression qui s'impose, « à bas bruit » – pour citer une expression d'un registre proche –, depuis un an pour rendre compte des nouvelles réalités que nous avons à affronter, et des nouvelles ressources pour les vivre[1]. Elle permet de décrire un ensemble de phénomènes aussi divers et hétérogènes que des rencontres d'un jour qui s'inscrivent en nous, l'attachement à un personnage de série télévisée, la reconnaissance à l'inconnu qui nous

1. Alexandre Gefen et Sandra Laugier, *Le Pouvoir des liens faibles*, Paris, CNRS Éditions, 2020.

donne une information précieuse *via* Internet, la connivence avec un participant lors d'une réunion par Zoom, les égards sensibles dans les transports en commun, l'attention quotidienne d'un commerçant...

Le concept de lien faible ne convient pas toutefois à toutes les situations. Il est ancré dans des types de situation et d'expérience, qu'il faut bien définir. Introduit en sociologie par Mark Granovetter en 1973 dans son article classique « La force des liens faibles »[1], il se fonde sur l'opposition entre des « liens forts » (amitié, famille, mariage, travail) et des liens sociaux à faible charge affective ou officielle, mais essentiels dans le fonctionnement des interactions humaines : aujourd'hui, relations en public, dialogues sur Internet, liens lointains et distendus.

En démortrant que des liens étrangers aux solidarités familiales, professionnelles et amicales immédiates jouent un rôle déterminant dans nos socialités et que les liens indirects entre individus se connaissant mal sont « des instruments indispensables aux individus pour saisir certaines opportunités » et participent pleinement de « leur intégration au sein de la communauté », alors qu'au contraire les liens forts peuvent isoler les individus dans des cliques encastrées et incapables de communiquer entre elles, Mark Granovetter a profondément marqué la sociologie moderne. Ouvrant la porte à une approche structurale des socialités, refusant l'individualisme sociologique et l'utilitarisme économique, la théorie des liens faibles nous conduit à regarder la cohésion sociale dans des termes inédits. Sa pertinence est revenue au premier plan, preuve de la plasticité du concept, lorsque les socialités traditionnelles sont en partie supplantées par les réseaux numériques : la « théorie » des liens faibles a été

> C'est avec le confinement et la « distanciation sociale » que le concept de liens faibles a pris une validité nouvelle.

1. Mark S. Granovetter, « The Strength of Weak Ties », *The American Journal of Sociology*, vol. 78, n° 6, mai 1973, pp. 1360-1380; traduction française : « La force des liens faibles », Mark S. Granovetter, dans *Le Marché autrement : les réseaux dans l'économie*, trad. de l'américain par Isabelle This-Saint Jean, Paris, Desclée de Brouwer, coll. « Sociologie économique », 2000, pp. 45-74.

utilisée abondamment pour démontrer la diversité de l'information partagée en ligne et la richesse des socialités numériques[1], Internet conduisant à la multiplication des liens faibles et des « ponts » entre milieux et groupes sociaux. Fait social autant que culturel, massif et diversifié, l'émergence des communautés sur les réseaux sociaux et les forums illustre bien les modalités contemporaines d'organisation de formes de vie démocratique à partir des liens faibles. Ainsi des amateurs qui évaluent, discutent, et produisent des débats critiques et une réflexion collective, des mobilisations politiques nées d'Internet produisant des formes relationnelles originales ou encore des contributeurs de Wikipédia qui bâtissent une intelligence collective à partir d'interactions faibles. La faiblesse même des liens préside à l'accessibilité du monde, sa petitesse au regard des liens numériques permet de le rêver comme une communauté en dehors de systèmes de contrainte normatifs. Gouvernées et organisées par ces signaux faibles que sont les interactions sur les réseaux sociaux, les communautés nées du numérique, nourries d'innombrables échanges de basse intensité, sont capables de puissantes mobilisations, démocratiques souvent mais aussi toxiques et négatives – on l'a vu récemment avec les effets des réseaux pro-Trump. Fait social autant que culturel, l'émergence de ces communautés sur les réseaux sociaux et les forums illustre les modalités contemporaines d'organisation à partir des liens faibles.

> « Chacun a pris conscience un peu mieux de tous ces humains que nous ne connaissons pas et qui nous soutiennent de leur travail et leurs ressources.

Mais c'est avec le confinement et la « distanciation sociale » que le concept a pris une validité nouvelle. La singularité de l'époque est bien l'effacement et le renforcement conjugués des liens faibles. À l'heure de la « distanciation sociale », de la menace de rupture des interdépendances, de la fin des rencontres au café ou des longues conversations en public (on suggère même de ne pas parler dans le métro pour ne pas diffuser le virus), les « liens faibles » semblent les plus fragiles. Pourtant,

1. Pierre Mercklé, *Sociologie des réseaux sociaux*, Paris, La Découverte, coll. « Repères », 2004 ; 3e éd., 2016. Voir aussi les analyses de Dominique Cardon, par exemple « Pourquoi avons-nous si peur des *fake news* ? », AOC, 20-21 juin 2019.

en rendant les liens de proximité sociale ordinaires impossibles, voire en les traquant par une application, en nous invitant à réduire nos relations aux liens familiaux et à pratiquer un individualisme de précaution, l'expérience sociale à l'échelle du monde engagée par la pandémie n'a pas détruit cet écheveau de liens faibles qui fait la texture de la vie commune, elle l'a, au contraire, densifié et redéployé. Jour après jour, elle a montré à quel point la résilience de la société et l'activité démocratique tenaient justement aux liens faibles : ceux des praticiens de l'hôpital, quels qu'ils, et surtout qu'elles, soient à l'égard des malades, ceux des innombrables citoyens investis dans la solidarité par rapports aux vulnérables et aux soignants – jamais nous n'avions appris à faire autant de sens, autant de liens, à partir de si peu. Et à côté de ces formes incarnées d'attention, les liens faibles imaginaires ou virtuels se sont démultipliés : jamais nous n'avons autant voyagé et conversé dans l'imaginaire. La société est tenue, certes, par les liens forts dans les cellules familiales confinées ou liées par la communication à distance – réunions familiales sur Zoom, retrouvailles pour les fêtes et les vacances. Mais aussi par les liens que crée la découverte de nos dépendances : notre vie dépend des soignants si nous tombons malades; elle dépend aussi, au quotidien, de tous ces acteurs du *care* qui prennent soin de nous de près et de loin : caissières, agents de nettoyage, livreurs… Et, aussi, chacun en a pris conscience un peu mieux, de tous ces humains que nous ne connaissons pas et qui nous soutiennent de leur travail et leurs ressources.

> « La démocratie est transformée par ce concept.

Le concept est ainsi opératoire du côté de la politique lorsqu'elle s'intéresse aux liens sociaux dans l'espace public ou au souci des autres lointains, du côté de l'écologie si l'on essaie de penser notre lien à l'environnement ou aux animaux. Largement sous-estimées en philosophie mais aussi en sociologie, les relations de face-à-face sont l'incarnation la plus ordinaire et, en même temps, la plus significative de la sociabilité en général; fragiles, passagères et révocables, elles permettent de repenser le fait social. Le développement de l'éthique du *care*[1] a également permis de mettre en évidence l'importance, pour la perpétuation d'une forme de vie, de liens créés par des gestes minuscules et quotidiens dont la pertinence morale et politique est sinon contestée, du moins régulièrement dévalorisée. Cette vue anthropologique a aussi conduit à replacer le sujet dans l'ensemble des liens pratiques et ténus qui le relient au monde, qui sont intégrés au mode d'existence d'un être qui parle; l'humain ordinaire est en conversation et constamment en lien avec autrui, même (ou surtout, comme l'a montré le sociologue Erving Goffman[2]) dans l'échange dit « formel », consacré au maintien des apparences normales et des relations rassurantes. Il s'agit bien des liens faibles comme les fils de ce qui constitue la texture sensible – langagière, éthique, sociale, affective – de l'ordinaire. La texture de la vie humaine est bien celle d'un réseau de formes de vie, des connexions multiples des actions et des personnes, de liens constamment menacés de rupture, mais qui, comme les liens qui constituent un câble, tirent leur résistance de leur recoupement; comme le montrent aujourd'hui autant les attentions discrètes qui font le rets de nos vies ordinaires et étoffent nos imaginaires que les techniques plus spectaculaires de rébellion et d'organisation spontanée.

> Penser le lien faible devient alors source de radicalité politique.

La démocratie est transformée par ce concept. D'institution ou de forme politique à une forme de vie désormais tissée par/dans des liens faibles, la démocratie vit, aux sens vital et social, de la faiblesse ou de la plasticité des liens qui unissent les citoyens, plutôt que de leur lien fort au pouvoir. Ce qui suggère de trouver dans les liens faibles de nouveaux modèles politiques. La conversation pourrait en être un modèle, si on la conçoit à l'instar du grand philosophe étatsunien

1. Voir Patricia Paperman et Sandra Laugier (dir.), *Le Souci des autres. Éthique et politique du* care, Paris, Éditions de l'EHESS, 2005; nouv. éd. augm., 2011 et Najat Vallaud-Belkacem et Sandra Laugier, *La Société des vulnérables. Leçons féministes d'une crise*, Paris, Gallimard, collection « Tracts », n° 19, 2020.
2. Erving Goffman, *Relations in Public*, New York, Basic Books, 1971; traduction française, *La Mise en scène de la vie quotidienne*, tome 2, *Les Relations en public*, traduit de l'anglais par A. Kihm, Paris, Éditions de Minuit, 1973.

Stanley Cavell[1] comme manière de mettre en constante conversation le consentement, laissant espérer une démocratie où chacun serait participant, par la création de liens d'amitié démocratique qui pour être transitoires et transitifs n'en sont pas moins constitutifs de la démocratie ordinaire. Contre les théories considérant comme acquis le consentement des citoyens, un tel modèle conduit à s'interroger sur leur capacité d'expression en exigeant de pouvoir entendre les voix faibles, jusqu'alors disqualifiées et lointaines. Penser le lien faible devient alors source de radicalité politique.

Car s'il serait trop facile de renverser l'équation terme à terme, de parler de « force » des liens faibles, il est clair que ces liens sont une nouvelle source de résistance contre le capitalisme et la violence des désolidarisations qu'il impose – y compris en situation de pandémie. Certains, en caricaturant Mark Granovetter dans le sens d'une méthode de promotion sociale, veulent voir dans les liens faibles une ressource pour réussir dans la vie : il faudrait avoir ou rechercher des liens faibles, comme si cela se décidait. Mais la résistance de nos sociétés ne se réduit pas à la capacité adaptative de ses structures économiques ou aux solidarités de groupe. On entend aujourd'hui qu'il faudrait donner la priorité à l'économie sur la santé publique, ou aux jeunes générations sur les vieux. Heureusement, les liens faibles tiennent la société ensemble : récits partagés, lieux devenus communs, relations en public, souci des autres qu'ils soient tout près ou au loin, gestes ordinaires et gratuits que nous sommes désormais conduits à réinventer : la texture de notre monde s'étend par-delà le plus proche et le plus ressemblant, au-delà les frontières et les communautés, sans qu'une instance souveraine puisse décider de ce qui compte.

Heureusement, les liens faibles tiennent la société ensemble.

1. Stanley Cavell, *Pursuits of Happiness. The Hollywood Comedy of remarriage*, traduction française *À la Recherche du bonheur. Hollywood et la comédie du remariage*, Paris, Éditions de l'Étoile/Cahiers du cinéma, 1993.

LIEUX INFINIS

Explorant des processus collectifs pour habiter autrement le monde, des lieux ouverts, communs, non finis, instaurent des espaces de liberté où se cherchent les alternatives sociales et politiques.

NICOLAS DÉTRIE
Yes We Camp

Pendant cinq années, de 2015 à 2020, l'hôpital Saint-Vincent-de-Paul à Paris est devenu Les Grands Voisins. Ce nom s'est affirmé comme une bannière collective désignant l'ensemble des activités déployées dans les locaux temporairement vides de l'ancien hôpital : hébergement d'urgence, hébergement de travailleurs-migrants, artisanat, bureaux bon marché, accueil de jour pour primo-arrivants, restaurants, camping, hammam, galerie, bar et scène artistique engagée. Ce sont 22000 m^2 bâtis qui ont été investis pour faire coexister ces fonctions culturelles, économiques et sociales. Avec ses partenaires, Yes We Camp a aménagé les espaces extérieurs de l'ancienne voirie hospitalière, qui sont devenus en quelques mois une forme nouvelle de parc public, ludique et permissive, support de la cohabitation physique d'univers sociaux habituellement éloignés les uns des autres.

À mi-chemin de son existence, l'initiative des Grands Voisins a été présentée à Venise, dans le cadre de l'exposition *Lieux infinis*, au Pavillon français pour la Biennale internationale d'architecture de 2018. Les commissaires de l'exposition, l'agence Encore Heureux, nomment infinis les lieux qui « explorent et expérimentent des processus collectifs pour habiter le monde et construire des communs; des lieux ouverts, possibles, non finis, qui instaurent des espaces de liberté où se cherchent des alternatives ». Pour donner vie à cette définition, nous avons souhaité franchir les murs du Pavillon français. Une rencontre avec le collectif italien Biennale Urbana nous a permis d'investir une ancienne caserne militaire sur l'île du Lido. En cinq semaines de chantier très collectif, nous avons installé une cuisine, un atelier, des douches, un bar, plusieurs dortoirs et des plateformes de tentes. De mai à octobre 2018, le site a pu offrir l'hospitalité pour 4000 nuitées.

Les lieux infinis s'expriment aussi en dehors des cadres bâtis. Il existe dans nos villes, et particulièrement dans les quartiers populaires, des espaces délaissés, interstices urbains coincés entre plusieurs bâtiments ou vastes terrains vagues nés de remblais de construction. Sur ces friches, il est possible d'intervenir de manière progressive pour créer une attitude accueillante, renforcer les formes endogènes de biodiversité et encourager les initiatives collectives. À Marseille, le projet Foresta se déploie sur un site privé de 16 hectares, jouxtant huit quartiers populaires. Plusieurs activités de plein air, proposées par les riverains, s'installent et se développent : boxe, centre équestre, potager permacole, foire artisanale, concerts. Des équipements techniques sont mutualisés; on aménage des chemins, des espaces de retrouvailles et des jeux pour enfants. Quelques éléments sont bâtis en ossature bois, isolés par un mélange de paille de Camargue et de terre du site.

« La cohabitation physique d'univers sociaux habituellement éloignés les uns des autres.

NOUS AFFRANCHIR DE NOS RÉFLEXES POUR PERMETTRE L'ÉMERGENCE DES ALTERNATIVES

La force de ces sites n'est pas seulement à trouver dans les « services » qui sont produits, mais plutôt dans la transformation au cœur de chaque personne de la conscience de sa propre capacité à intervenir sur son espace vécu. À l'inverse d'un hôpital, d'une école ou d'un centre commercial, ces lieux ne sont pas « reconnaissables » immédiatement. Les personnes en visite sur le site se demandent où elles ont atterri et, posant sur cet espace physique et social un regard renouvelé, elles observent que les choses ici s'organisent de manière plus ouverte, plus fragile, plus joyeuse et aussi plus libre et plus inclusive. Ces lieux infinis sont un mécanisme émotif qui cherche à nous affranchir des sentiments ambiants et souvent intériorisés de défiance et d'impuissance. Leur durée parfois restreinte au démarrage (quelques années de mise à disposition) permet de se projeter de manière plus spontanée que dans le cadre trop souvent imposé par la durée longue des investissements financiers. À travers ces lieux, nous créons une place pour l'émergence d'un imaginaire collectif fondé sur la vitalité et sur la perception ressentie des interdépendances qui nous lient entre personnes et plus généralement avec le vivant.

« Nous créons une place pour l'émergence d'un imaginaire collectif.

Adapter aujourd'hui notre organisation sociale au défi du nouveau régime climatique exige une refonte telle qu'il est probable que nous ne soyons pas en capacité intellectuelle de produire la transformation nécessaire. Si on accepte cette hypothèse, alors il est raisonnable de faire exister, en parallèle de nos efforts d'adaptation, des espaces d'émergence organique de formes d'organisation nouvelles. Les différentes ZAD ainsi que la Jungle de Calais ont été des lieux d'invention particulièrement fertiles dans les domaines de l'urbanisme, de la participation, de l'intégration, de l'agriculture, de la mobilité et de l'artisanat. Dans une forme contractualisée, Les Grands Voisins ont aussi été un laboratoire qui bouscule les habitudes sectorielles et décloisonne les métiers. Ainsi, quand on nous dit « ce que vous avez réalisé est complètement fou », nous pourrions répondre qu'il est en fait très raisonnable, dans le contexte d'incertitude actuel, de faire exister ces espaces généreux et moins normés, car ils seront peut-être (et c'est un pari à prendre) les espaces pionniers permettant d'amorcer une transition à la mesure de nos défis climatiques et sociaux.

1 % D'ESPACES COMMUNS, NOUVEL OUTIL POLITIQUE

Pour révéler la force de transformation de ces lieux infinis, il faut dépasser leur appréciation en tant qu'objets-totems et conforter plutôt la démarche en tant que « protocole » pour que se multiplient ces espaces-temps aux contours multiples. On peut rêver qu'il existe à moins de dix minutes à pied de tout logement un de ces espaces communs, bâti ou non bâti, dans lequel il est possible de proposer, de se réunir, d'essayer sans peur du jugement et de profiter d'équipements partagés aussi bien en journée qu'en soirée et le week-end.

Ces lieux sont des nouveaux médias. Ils incarnent une vision du monde et transforment en une réalité tangible des sujets de société complexes à appréhender : l'accueil de migrants, les circuits alimentaires alternatifs, la production en ville, les apprentissages réciproques, l'altérité, la reconnaissance du vivant Ils permettent de faire primer l'usage sur la propriété et ouvrent la possibilité d'imaginer qu'une partie des espaces d'un territoire échappe au cadre classique du marché immobilier pour devenir un archipel d'espaces communs. Cette constellation devient un refuge possible pour les idées, pour les corps, pour les envies. L'existence de cette hospitalité constellée crée une mobilité mentale qui nous sort de l'assignation spatiale fabriquée par l'acquisition résidentielle. On gagne alors une conception de nous-mêmes davantage nomade et souple, car l'expérience vécue de ces lieux infinis nous pousse à repenser notre rapport aux autres et notre rapport au monde.

« Des espaces pionniers permettant d'amorcer une transition à la mesure de nos défis climatiques et sociaux.

> Ces lieux sont des nouveaux médias. Ils incarnent une vision du monde et transforment en une réalité tangible des sujets de société complexes à appréhender.

Pour augmenter leur nombre, nous imaginons une plateforme citoyenne qui vise « 1 % d'espaces communs » à l'échelle de chaque territoire. Cette plateforme fonctionne à deux échelles de temps. La première temporalité consiste à faciliter la mise à disposition gratuite d'espaces par des propriétaires publics ou privés intéressés par la démarche. La plateforme rassure ces propriétaires et apporte un soutien technique transverse aux opérateurs des lieux mis à disposition. La deuxième temporalité permet de pérenniser certains projets par une acquisition des sites ou une mise à disposition prolongée en bail emphytéotique. Cette plateforme de 1 % d'espaces communs peut s'amorcer avec un portage politique territorial ou s'initier dans une démarche collective mobilisant l'épargne des particuliers, à la manière de la coopérative citoyenne ferroviaire RailCoop.

Il s'agit de décréter des espaces disponibles pour s'offrir la chance de déconstruire nos postures et de voir se créer sous nos yeux des adaptations locales pour un monde plus sobre et généreux. Le 1 % d'espaces communs est un nouvel outil politique, une manière frugale de faire confiance au peuple, d'encourager les coopérations, de donner une place nouvelle à celles et ceux qui sont ou se ressentent aux marges et, si tout va bien, de créer un horizon de narrations collectivement désirables à l'échelle de ce siècle brûlant.

NOTATION

Dédiée longtemps au secteur financier, la notation de produits et services est sortie des salles de marché pour toucher le grand public. Des systèmes désormais au cœur de nos vies, qui conquièrent chaque jour de nouveaux territoires.

SUZANNE GORGE
Terra Nova

Dédiée à l'origine au secteur financier, la notation de produits est sortie des salles de marché pour se diffuser plus largement et toucher des biens et services grand public. Je note mon livreur, je note mon fleuriste, je note mon « expérience client » et je suis moi-même noté comme vendeur sur un site de revente en ligne ou comme usager d'un chauffeur privé. Bref, la notation s'est généralisée et contribue aujourd'hui à orienter les individus dans leurs actes d'achat « responsables » et, plus généralement, dans leur consommation quotidienne.

Imaginés comme des indicateurs de confiance permettant de minimiser les risques dans des secteurs complexes, à l'information foisonnante, les systèmes de notation et d'évaluation font désormais partie de la vie quotidienne et conquièrent chaque jour de nouveaux territoires.

Plusieurs évolutions expliquent cet engouement. La mondialisation et la fragmentation des marchés des biens et produits de grande consommation ont entraîné la multiplication des intermédiaires entre producteurs et consommateurs. Les consommateurs, confrontés à l'émergence de nouveaux acteurs puissants et à de nouvelles sources d'information sur les produits, ont de moins en moins confiance dans les messages émis directement par les marques. À la recherche de nouveaux indicateurs, ils ont bien accueilli l'émergence de tiers de confiance extérieurs (communauté de consommateurs, applications et agences de notation).

> Les systèmes de notation et d'évaluation font désormais partie de la vie quotidienne et conquièrent chaque jour de nouveaux territoires.

En parallèle, l'émergence du commerce en ligne, la multiplication des plateformes multivendeurs et l'accessibilité des outils numériques ont permis une forte augmentation de l'offre et du nombre de références accessibles en permanence. Pour faire leur choix, les consommateurs, de plus en plus soucieux de la qualité des produits et services qu'ils consomment mais également de leurs impacts environnementaux, ont besoin d'indicateurs comparatifs. Ils souhaitent accéder à une information tierce, instantanée et synthétique, actuellement peu lisible sur l'emballage des produits ou absente (indicateurs environnementaux ou sociaux).

Ces deux facteurs ont durablement modifié les habitudes de consommation et instauré une nouvelle forme de relation marchande, souvent dématérialisée (vente en ligne), parfois désintermédiée (plateformes de reventes).

Les fabricants sont incités à améliorer la qualité de leurs produits, à être plus transparents dans leur communication et, surtout, à prendre davantage en compte le retour d'expérience et l'avis de consommateurs, qui, poussés par la multitude de choix qui leur sont aujourd'hui proposés, exigent davantage et, quand ils ne sont pas satisfaits, sont prêts à le faire savoir.

Désormais, l'acte d'achat est devenu en lui-même un acte citoyen, conférant à l'acheteur un nouveau pouvoir et une responsabilité. La consommation responsable, longtemps réservée aux plus militants, tend à se répandre très au-delà de ces cercles de pionniers. Les applications et systèmes de notation permettent de promouvoir les bonnes pratiques et de dénoncer l'irresponsabilité, de susciter des améliorations des produits : des marques agro-alimentaires communiquent désormais sur le changement des recettes (moins gras, moins salé, moins sucré...) suscité par le retour des consommateurs.

> Aujourd'hui, la notation est devenue un geste simple, une habitude quotidienne.

En quelques années, de nombreux dispositifs ont émergé, en réponse à ces nouveaux besoins, que ce soit à l'initiative des distributeurs, des consommateurs, des pouvoirs publics ou des ONG. Il existe différents systèmes de notation.

Les agences de notation ont pour objectif de mesurer la solvabilité d'un État, d'une entreprise ou d'une collectivité locale (jamais des particuliers) grâce à des outils analytiques. En situation de quasi-monopole, elles ont été remises en cause lors de la crise financière de 2008 et sont depuis davantage régulées. Parallèlement aux agences de notation financière « classiques », des agences de notation extra-financière ont été créées. Elles évaluent les entreprises non plus uniquement sur leurs performances économiques mais aussi sur leur impact environnemental, leurs pratiques sociales, leur engagement sociétal et leur gouvernance.

Pour les ménages, de nombreux systèmes de notation reposent sur des communautés d'utilisateurs. Aujourd'hui, la notation est devenue un geste simple, une habitude quotidienne. Les moteurs de recherche, les services de livraison, les sites de commerces proposent systématiquement à leurs utilisateurs de noter leurs produits, leurs services ou leurs prestataires. *Via* un système de points, d'étoiles ou de note, chacun peut évaluer la qualité du service ou du produit acheté et devenir lui-même prescripteur.

Des applications de notation voient le nombre de leurs utilisateurs progresser de manière continue[1]. Selon les résultats d'une étude Ifop[2] réalisée en 2019, 25 % des consommateurs français utilisent désormais une application de notation en faisant leurs courses. La très large diffusion d'applications comme Yuka, certainement la plus connue de toutes, témoigne de ce mouvement de fond. Initialement créées pour le secteur agro-alimentaire sur des critères nutritionnels et sanitaires, elles élargissent à présent à la fois leurs critères de notation et les segments de marché. La légitimité de ces applications repose sur la promesse d'une expertise scientifique ou certifiée par des tiers de confiance (ONG, comité scientifique, publications).

Toutefois, cet engouement suscite encore des interrogations de la part de certains industriels, scientifiques et associations de consommateurs. Les principales critiques concernent l'objectivité et la sincérité des avis donnés, la rigueur des systèmes de notation, la fiabilité des données utilisées et l'usage des données personnelles des utilisateurs.

> Les interrogations sur la fiabilité du mode d'évaluation sont nombreuses : celui qui note est-il celui qui sait ?

Les interrogations sur la fiabilité du mode d'évaluation sont nombreuses : celui qui note est-il celui qui sait ? D'où tire-t-il sa légitimité ? Les avis des consommateurs sont considérés comme plus fiables que les promesses marketing de l'émetteur, ce qui entraîne le risque d'une hiérarchie bousculée et de mouvements d'opinion imprévisibles (parfois dus à une simple rumeur ou à une campagne de désinformation). La responsabilité première de la qualité des produits ne reste-t-elle pas celle des entreprises qui les fabriquent, quelles que soient les notes qu'elles obtiennent ?

La rigueur du processus d'évaluation est également primordiale pour les applications de notation qui doivent expliquer sur la base de quelles références elles évaluent la qualité des produits. Si de nombreuses applications reposent sur un système robuste, comme le

1. Voir Suzanne Gorge, *Les applications de notation, un ingrédient de poids sur le chemin de la transition alimentaire*, Terra Nova, 16 décembre 2020.
2. Étude commandée par Charal et réalisée par l'Ifop auprès d'un échantillon de 1 006 individus et 500 utilisateurs d'applications alimentaires du 18 au 20 septembre 2019.

nutri-score, d'autres s'appuient sur des classifications qui n'ont jamais été validées par une instance scientifique. Les algorithmes de recommandations, opaques et complexes, peuvent également donner une fausse impression d'objectivité à travers l'affichage d'une note.

Se pose aussi la question de l'obligation. Doit-on rendre obligatoires les systèmes de notation les plus fiables pour qu'ils soient véritablement efficaces? La question s'est posée avec le nutri-score. Ce système d'étiquetage apporte au consommateur, *via* un code couleur et un système de notation allant de A à E, une indication sur la qualité nutritionnelle de l'aliment sur lequel il est apposé. Aujourd'hui, de nombreuses associations de consommateurs européennes souhaitent qu'il soit rendu obligatoire et les études scientifiques ont prouvé son utilité. Mais les lobbys sont très actifs pour lutter contre la reconnaissance du nutri-score par les pouvoirs publics, que ce soit au niveau des États ou en Europe. Actuellement en France, seules 30 % des marques l'ont adopté.

> « Il faut cependant rester vigilant sur les risques associés à un développement trop rapide de ces outils.

Si la généralisation des systèmes de notation a permis de rééquilibrer le rapport de force entre consommateurs et industriels, il faut cependant rester vigilant sur les risques associés à un développement trop rapide de ces outils. Que penser du système de notation des salariés et des collaborateurs, à l'exemple des chauffeurs Uber ou de la notation NPS[1]? Quels sont les possibles garde-fous pour éviter les dérives? L'étape suivante n'est-elle pas celle d'une notation « civique », à la chinoise, qui interdit d'ores et déjà à 20 millions de personnes de voyager comme elles l'entendent dans leur propre pays?

1. Le score NPS (Net Promoter Score) est un indicateur permettant de mesurer la satisfaction client et qui, plus précisément, traite de la propension d'un client à recommander une offre ou une marque.

OBJETS CONNECTÉS

Tout droit sorti d'une dystopie, le bracelet connecté Halo, qui écoute la voix de l'utilisateur pour deviner son état émotionnel, illustre les progrès des recherches en robotique. Un progrès technique qui nous interpelle sur la manière de concevoir des systèmes d'intelligence artificielle respectant les valeurs humaines essentielles à notre vie en société.

LAURENCE DEVILLERS

Professeure en intelligence artificielle à Sorbonne-Université, chercheure au LISN-CNRS Saclay (Laboratoire interdisciplinaire des sciences du numérique) chaire AI HUMAAINE (Human-machine affective interaction & ethics) et auteure de *Les Robots « émotionnels »* (Éditions de l'Observatoire, 2020)

La science-fiction a précédé la science en robotique et en intelligence artificielle : les séries télévisées *Real Humans* en 2012 ou *Better than us* en 2019 mettent en scène des robots humanoïdes dans un cercle familial. Cependant, établir une relation sociale et affective avec les machines n'est plus seulement un rêve d'auteurs de science-fiction, mais bien une thématique émergente étudiée par de nombreux chercheurs. Les chatbots (Google Home et Alexa Amazon) ou encore les robots sociaux embarquent des modules d'intelligence artificielle (IA) comme la reconnaissance, la génération, le dialogue et la synthèse de la parole. Les utilisateurs interagissent en langage naturel avec des robots ou assistants vocaux (chatbots) pour rechercher des informations sur Internet, demander un programme TV, choisir un morceau de musique ou encore savoir le temps qu'il fait quelque part. Pour peu qu'on leur donne des capacités de nous assister, de nous parler affectueusement et de détecter nos réactions et certains de nos comportements affectifs, ces objets risquent de prendre une place importante dans nos vies. Ces objets vont habiter nos maisons, répondre à nos demandes, peut-être bientôt suggérer des activités, nous stimuler pour faire du sport ou pour donner notre opinion, nous aider dans différentes tâches et partager notre histoire.

Un robot est caractérisé par trois composantes en interaction : il recueille des données grâce à ses capteurs, il les interprète grâce à ses programmes et il peut bouger et agir sur son environnement. De plus, le robot peut avoir une apparence anthropomorphe et une capacité d'interaction langagière. On désigne par géminoïde un robot ressemblant à un humain, son jumeau en quelque sorte. Un chatbot ou agent conversationnel est un système de dialogue homme-machine embarqué sur ces plateformes (robots, téléphones, enceintes). Un chatbot est un système informatique qui dialogue de façon autonome avec des utilisateurs en langage naturel. Un chatbot est un système modulaire. Schématiquement, il peut inclure un module traitant la reconnaissance de la parole, de la sémantique, des stratégies de dialogue, un générateur de langage, etc. Des milliers de chatbots ont été créés récemment pour des applications variées :

Ces objets vont habiter nos maisons, répondre à nos demandes.

améliorer l'expérience client, donner des conseils médicaux, aider les enfants dans leurs devoirs, etc. Il existe également des chatbots sans domaine d'application précis, susceptibles de dialoguer avec l'homme sur des sujets de la vie courante, un peu comme des compagnons.

Afin de doter les chatbots et les robots d'une intelligence sociale et émotionnelle, deux courants de recherche de l'intelligence artificielle sont nés depuis peu.

L'informatique émotionnelle tend à donner aux machines des capacités d'interprétation et de simulations émotionnelles utiles. Ces capacités sont indispensables pour construire des systèmes capables d'interagir socialement et de mieux communiquer avec les humains. Les applications des robots sociaux et affectifs pour aider les personnes dépendantes, dans le grand âge ou pour différentes pathologies dégénérescentes sont nombreuses. La sphère des émotions que l'on pouvait penser propre à l'humain envahit les machines qui se rapprochent des capacités des humains. Le traitement des émotions reste cependant très rudimentaire et se heurte à la complexité des phénomènes affectifs qui sont idiosyncrasiques, c'est-à-dire propres à l'humain et très dépendants de la culture. Paul Ekman propose la classification de six émotions primaires et universelles : peur, colère, joie, tristesse, dégoût et surprise. D'autres étudient les émotions sociales comme le mépris ou la honte.

« L'informatique émotionnelle tend à donner aux machines des capacités d'interprétation et de simulations émotionnelles utiles.

L'informatique sociale, quant à elle, tend à créer des robots dotés de capacités sociales qui pourraient occuper des rôles de substituts pour certaines tâches dans la société. Pour implanter ces capacités d'intelligence sociale, l'un des enjeux est d'identifier les paramètres des comportements socio-émotionnels à la fois intra et interpersonnels et ainsi comprendre leurs causes et leurs effets. Mais le comportement des systèmes interactifs humanoïdes peut largement influencer le comportement humain. Par exemple, des travaux de recherche montrent que simplement le regard d'un robot peut déclencher un comportement altruiste chez l'humain. L'empathie a été largement explorée par plusieurs chercheurs en informatique afin d'intégrer cette composante dans les systèmes interactifs humanoïdes.

Les recherches en simulation affective et sociale en robotique montrent que nous ne pensons pas et que nous ne ressentons pas de la même manière selon que l'on se situe depuis un organisme ou depuis une machine. Corps et esprit sont mélangés, nous apprend Spinoza. Mais les machines n'ont, pour l'instant, pas de corps au sens de viscères, d'hormones, de peau, elles n'ont pas d'intention, de plaisir et de désir propres, c'est-à-dire pas de *conatus* au sens de Spinoza. Le vivant peut être défini comme autonome et ayant la possibilité de se reproduire. Ces robots peuvent être, d'une certaine manière, créatifs et autonomes dans leurs prises de décision, si on les programme pour cela. À l'heure actuelle, la relative autonomie des robots est toujours programmée par l'humain.

De plus, une machine est bien loin de détecter finement la palette des émotions ou des comportements sociaux. Même pour les humains, cette perception est complexe. Sans conscience phénoménale, cela paraît d'ailleurs fort peu probable. Les raccourcis qui consistent à dire que les robots comprennent nos émotions ou sont capables d'empathie nous amènent à des croyances inappropriées.

Cependant, les robots fascinent et cristallisent les peurs avec en trame de fond l'angoisse d'être un jour dominés, voire supplantés par eux. Nos peurs se nourrissent des mythes, des fantasmes et des fictions mais surtout d'une méconnaissance fondamentale des avancées de la technologie. Ces peurs attisées dans les médias par le marketing des grands groupes et par le courant transhumaniste illustrent une réalité plus pragmatique : la nécessité de préparer la société à l'arrivée des agents conversationnels et des robots. Nos capacités d'empathie peuvent conduire à nous illusionner sur les capacités réelles des robots et à projeter sur eux des capacités humaines. Ainsi, leur irruption dans nos vies nécessite une réflexion éthique. Si les robots apprennent seuls comme des enfants, il est

> L'informatique sociale tend à créer des robots dotés de capacités sociales qui pourraient occuper des rôles de substituts pour certaines tâches dans la société.

souhaitable de les programmer de façon éthique *by design* et de contrôler leur apprentissage.

Le dialogue vocal avec les machines apporte une nouvelle dimension dans l'interaction et pourrait devenir un moyen d'influence des individus. Plusieurs facteurs contribuent à l'apparition de problèmes éthiques avec les chatbots et les robots sociaux : le manque de spécification, les biais d'apprentissage, la discrimination de genre, le fait d'apprendre sans comprendre, l'instabilité de l'apprentissage ou encore la difficulté de vérification rigoureuse et de reproduction des résultats. Les comportements des algorithmes commencent à être étudiés par la communauté internationale car ils peuvent induire des effets sociétaux non anticipés. Les performances des algorithmes dépendent de la manière dont les programmeurs les ont écrits et nourris à partir de données choisies. L'existence de biais cognitifs dans la prise de décision est prouvée par de nombreuses recherches en psychologie et en sciences cognitives. L'interaction affective et sociale des humains avec des robots soulève plusieurs questions qui s'ajoutent aux questions générales de respect de la vie privée et de protection contre des actes malveillants, notamment sur l'étude des effets. Les robots seront dotés d'une autonomie croissante. La confiance que l'on peut placer dans un robot, les possibilités et les limites de celui-ci et du couple qu'il forme avec l'utilisateur sont autant de sujets importants. Les préconisations publiées dans le rapport de la CERNA sur l'éthique du chercheur en robotique auquel j'ai participé portaient sur trois thèmes : l'imitation du vivant et l'interaction affective et sociale avec les humains, l'autonomie et les capacités décisionnelles et la réparation et l'augmentation de l'homme par la machine. Nos algorithmes embarqués dans ces objets artificiels ne sont ni neutres ni rationnels ; ils s'appuient sur les hypothèses implicites et les biais souvent involontaires ou présents dans les données servant à l'apprentissage. Comment concevoir des systèmes d'intelligence artificielle (robots, chatbots) qui respectent les valeurs humaines essentielles à notre vie en société ? Les premières applications sont édifiantes.

> « Les robots fascinent et cristallisent les peurs avec en trame de fond l'angoisse d'être un jour dominés, voire supplantés par eux.

Amazon a sorti il y a peu de temps Halo, un bracelet connecté qui écoute la voix de l'utilisateur pour deviner son état émotionnel. Quel intérêt pour la santé ? En théorie, la reconnaissance et l'analyse par des algorithmes des émotions pourraient aider des personnes dépressives ou qui ont, par exemple, des problèmes de gestion de la colère.

Le principe d'une intelligence artificielle à votre poignet qui juge quand vous avez l'air d'être de mauvaise humeur ou pas suffisamment « enthousiaste » semble tout droit sorti d'une dystopie inventée pour un épisode de *Black Mirror*, cette série britannique sur les dangers de la technologie. L'utilité d'un tel gadget est très discutable pour les consommateurs mais beaucoup plus évidente pour Amazon. C'est un outil de marketing idéal. Le Comité national pilote d'éthique du numérique (CNPEN) sortira bientôt un avis sur l'éthique des chatbots. Il faut réfléchir dans la société aux outils que nous voulons développer. Il est temps de parler d'éthique et d'utilité de ces nouveaux gadgets et de ne pas jouer aux apprentis sorciers.

Le principe d'une intelligence artificielle à votre poignet qui juge quand vous avez l'air d'être de mauvaise humeur ou pas suffisamment « enthousiaste » semble tout droit sorti d'une dystopie.

ONE HEALTH

Mouvement initié au début des années 2000, One Health (« une seule santé ») défend une approche intégrée et unifiée de la santé humaine, animale et environnementale. Nous ne guérirons que les uns avec les autres, dans une approche globale du vivant.

DOMINIQUE POTIER
Député de la Meurthe-et-Moselle
et directeur de l'Observatoire de l'agriculture
et du monde rural de la Fondation Jean-Jaurès

Les idées neuves sont comme des lucioles qui peuvent à tout moment s'éteindre. Un autre danger les guette : être recyclées en une formule publicitaire qui les vide de leur pouvoir subversif. L'idéal démocratique est de faire de l'éthique le gouvernail de la vie publique, là où elle n'est trop souvent qu'un fanion en haut du mât. Ce combat de la communication, c'est un peu David contre Goliath. Un seul jet de fronde suffit au jeune berger pour terrasser le géant. Une seule pierre donc mais le récit biblique nous apprend que, prévenant, David en avait choisi cinq bien polies dans la rivière. J'ai cherché pour les combats futurs les cinq promesses contenues dans One Health, cinq pierres pour une seule et même santé.

Dans les années 1990, l'usage massif d'un traitement anti-inflammatoire dans les troupeaux a décimé la quasi-totalité des vautours en Asie du Sud-Est. Dans la seule péninsule indienne, on estime à 45 000 les victimes humaines de la rage véhiculée par les chiens errants, qui ont proliféré en devenant charognards à la place des rapaces. Des histoires comme celle-là, transmises par la sagesse populaire, il en existe sous toutes les latitudes. C'est l'étude de ces phénomènes, l'épidémiologie, qui a donné naissance à un nouveau concept baptisé « One Health ».

La pandémie de Covid-19 a révélé la fécondité de cette approche scientifique dont nous pouvons tracer le continuum jusqu'à Hippocrate : « Pour approfondir la médecine, il faut considérer d'abord les saisons, connaître la qualité des eaux, des vents, étudier les divers états du sol et le genre de vie des habitants[1]. » En 2005, Christopher Wild, ancien directeur du Centre international de recherche sur le cancer, a proposé le concept d'exposome, que le Code de santé publique définit aujourd'hui comme « l'intégration sur la vie entière de l'ensemble des expositions qui peuvent influencer la santé humaine en les considérant comme un tout[2] ». Alors que 80 % des maladies émergentes sont issues des zoonoses, l'épidémiologie est à l'origine d'une révolution des savoirs. Ainsi, celle des plasmides et autres « transposons » dans les mutations génétiques des bactéries repositionne l'usage des antibiotiques. « Tout est lié. » One Health nous invite à penser ensemble l'écologie et la santé. Ma première pierre est une science qui relie le tout et les parties.

> J'ai cherché pour les combats futurs les cinq promesses contenues dans One Health.

« Unir sans absorber », c'est justement le maître mot du doyen Jacques Parisot, extraordinaire figure de ce qui fut au début du XXe siècle le mouvement de l'École de Nancy, avant de participer à la fondation de l'Organisation mondiale de la santé (OMS). Pionnier du lien entre la question sanitaire et sociale par ses recherches

1. Hippocrate, *Airs, eaux, lieux*, Paris, Payot & Rivages 1996.
2. Article L1411-1 du Code de la santé publique.

fondamentales et appliquées, il fonde les institutions socles de la santé publique telle que nous la concevons aujourd'hui au sens de la charte d'Ottawa « guérir c'est bien, prévenir c'est mieux ». Cette prise en compte des interactions sociales et désormais écologiques, dont nous sommes les héritiers, demeure l'enfant pauvre des politiques publiques. Elle doit en devenir la matrice au XXIe siècle.

L'espérance de vie en pleine santé a ainsi vocation à devenir l'indicateur de notre prospérité au sens étymologique : bien-être, espérance. C'est la thèse défendue par Éloi Laurent dans son dernier essai *Et si la santé guidait le monde?*[1]. Ce sont des maladies non transmissibles ou chroniques qui emportent les trois quarts des 55 millions de personnes qui meurent chaque année dans le monde. La pollution de l'air est responsable de 10 % des morts prématurées dans notre pays et l'obésité est devenue une pathologie de l'injustice sociale. Au-delà de ce qui n'a pas de prix, la souffrance évitée, nous avons besoin d'une nouvelle comptabilité. Chaque euro investi pour limiter les risques devrait rendre visible l'économie, sans commune mesure, des coûts de réparation. Ma deuxième pierre est un plaidoyer pour la prévention entendue comme une civilité.

La civilité comme une façon d'habiter notre « maison commune ». Il y va de la température climatique comme des fièvres sanitaires : les conséquences des émissions de gaz à effet de serre que nous exportons reviennent inéluctablement nous hanter à travers les canicules estivales et l'incendie des forêts boréales. Au-delà de deux degrés Celsius, le génie génétique est impuissant à limiter la baisse de rendement du mil qui conditionne le destin de millions de paysans, auxquels aucun mur sur la Méditerranée ne nous rendra étranger.

Il y a loin de la conscience de notre interdépendance à la naissance d'une civilisation des communs. Si nous en esquissons le récit, il nous manque encore de façon tragique les outils de la mise en œuvre effective d'un manuel de survie. C'est le temps des éclaireurs avec la naissance du Groupe d'experts intergouvernemental sur l'évolution

1. Éloi Laurent, *Et si la santé guidait le monde? L'espérance de vie vaut mieux que la croissance*, Paris, Les liens qui libèrent, 2020.

du climat (GIEC), il y a trente ans. Dans le même esprit autour de One Health s'institue une coopération inédite entre l'OMS, l'Organisation des Nations unies pour l'alimentation et l'agriculture (FAO) et l'Organisation internationale pour la santé animale (OIE). La première rencontre internationale One Health a eu lieu à Melbourne il y a tout juste une décennie. Nous sommes à l'aube d'une nouvelle intelligence du monde fondée sur le partage et le croisement de la connaissance. Dans le même temps, les 17 Objectifs de développement durable (ODD) dessinent la grammaire d'un langage commun pour l'agenda 2030. Tout donc milite pour une accélération et un renouveau du multilatéralisme comme cadre et creuset d'une décennie de transition capitale. Parce que nous ne pouvons plus être « seuls au monde », ma troisième pierre est la fraternité comme une assurance-vie.

Cette solidarité horizontale qui lie nos géographies contemporaines ne peut faire l'économie de son sens historique. One Health peut aussi être entendue comme un processus, la quête originelle d'une même humanité. Partie à la conquête de l'espace, toute une génération découvre la finitude du temps. Marquée par la conscience du fragile de notre humanité aux deux sens du terme – planète et dignité de la personne –, la quête de sens est devenue pour elle une question pratique. Et One Health porte en creux une longue espérance. La nature à livre ouvert devient une pédagogie de livre de la Genèse. Le jour de l'Homme, s'il apparaît comme le sommet de la Création, vient après ceux des « luminaires dans le firmament » et de « toutes les bestioles qui fourmillent sur la terre ».

One Health peut aussi être entendue comme un processus, la quête originelle d'une même humanité.

Mais l'humilité de la condition humaine ne signifie pas sa réduction à son animalité ou à sa seule matérialité. L'unité du genre humain ne relève pas ici que de la biologie mais d'une irréductible empreinte spirituelle. La fin du mythe prométhéen n'est pas un panthéisme. L'idolâtrie d'une nature sacralisée dans un Éden improbable n'est qu'un pauvre miroir de l'idolâtrie du marché comme culte de la puissance. Le temps est peut-être venu d'une nature « alliée » au sens où l'entendait Charles Péguy : permettre à chaque génération d'engendrer le monde. Ma quatrième pierre est de réparer notre lien au vivant.

Un exemple « terre à terre » : le sol. Climat, biodiversité, nourriture : il devient un enjeu politique majeur. Au long cours, son accaparement va de pair avec la misère et des régimes autoritaires. *A contrario*, la justice foncière est associée à des sociétés démocratiques et est garante d'une sécurité économique et écologique. Ici, comme ailleurs, le partage et la santé des sols reposent sur une visée éthique, des droits et devoirs, en aucun cas sur la loi de la jungle. Ni les lois du marché, ni l'ordre naturel ne peuvent fournir les cadres de pensée de la révolution du partage dans un monde fini. C'est le sens même des institutions politiques que de créer cet équilibre fécond du juste et de la vie.

La santé comme obsession individuelle (dont l'introspection intestinale est le dernier avatar) est devenue un mauvais commerce qui nous distrait de l'essentiel. One Health, à l'inverse, est une pédagogie : nous ne guérirons que les uns avec les autres. Nous avons vu comment les nations pouvaient entrer dans ce mouvement de « souveraineté solidaire » que Mireille Delmas-Marty oppose à la souveraineté solitaire, soulignant au passage l'extraordinaire modernité de l'idée européenne[1]. Un même mouvement nous invite avec Cynthia Fleury à quitter l'individualisme pour l'individuation, cette naissance du sujet-citoyen capable de porter le cri de la Terre et le cri des pauvres[2]. One Health dit ce lien indéfectible entre soigner et sauver, entre la dignité humaine et notre maison commune. « Qui sauve une seule vie sauve le monde entier. » Ma cinquième pierre est un récit humaniste : la santé comme une terre promise.

« One Health est une pédagogie : nous ne guérirons que les uns avec les autres.

1. Mireille Delmas-Marty, *Une boussole des possibles : gouvernance mondiale et humanismes juridiques*, Paris, Collège de France éditions (Leçons de clôture), 2020.
2. Pape François, *Laudato Si'*, 18 juin 2015.

PATRIARCAT

Mieux acceptée et légitimée dans le débat public depuis le mouvement de libération de la parole et la révélation de cas médiatisés, la lutte contre le patriarcat se heurte encore à de nombreuses résistances et au conservatisme de notre société.

AMANDINE CLAVAUD
Responsable Europe, Égalité femmes-hommes
à la Fondation Jean-Jaurès

De l'affaire Weinstein – qui conduit, en octobre 2017, à un déferlement de témoignages partout dans le monde de femmes ayant subi des violences sexistes et sexuelles sur les réseaux sociaux sous le hashtag #MeToo – à la prise de parole d'Adèle Haenel qui dénonce en novembre 2019 les violences sexuelles dont elle avait été victime quand elle était mineure et qui quitte la cérémonie des César, suite à la récompense accordée à Roman Polanski, la question de la lutte contre les violences sexistes et sexuelles semble – enfin – faire l'actualité. Depuis, le livre *Le Consentement* de Vanessa Springora[1] est publié; Sarah Abitbol, ancienne patineuse artistique, a révélé les

1. Vanessa Springora, *Le Consentement*, Paris, Grasset, 2020.

violences sexuelles qu'elle avait subies mineure de la part de son entraîneur et le livre d'Alice Coffin, *Le Génie lesbien*[1], a été – entre autres – attaqué de misandrie. Plus récemment, de nouveaux témoignages ont émergé avec #MeTooInceste et #MeTooGay, suite à la publication de *La Familia grande* de Camille Kouchner[2].

Les droits des femmes sont, certes, de plus en plus médiatisés. Néanmoins, cette médiatisation d'un sujet qui, s'il est porté par les mouvements féministes, concerne l'ensemble de la société, s'accompagne d'une cristallisation et d'une crispation des débats – entre conservatisme, antiféminisme, remises en cause de la parole des femmes et de leurs droits, polémiques à coups de tribunes sur « la liberté d'importuner » et de tweets jouant la petite musique du « on ne peut plus rien dire ». Que nous révèle ce « moment #MeToo »[3] de notre société ?

UN MONDE PENSÉ, ÉCRIT ET RACONTÉ PAR ET POUR LES HOMMES

« L'humanité est mâle et l'homme définit la femme non en soi mais relativement à lui ; elle n'est pas considérée comme un être autonome. [...] Il est le sujet, il est l'Absolu : elle est l'Autre », développait Simone de Beauvoir dans *Le Deuxième Sexe* en 1949. Françoise Héritier, anthropologue, poursuivait : « Nous nous trouvons face à une seule et constante réponse à une même question : "Les femmes sont-elles les égales des hommes ?" Et la réponse est toujours "non". Cette réponse est unanime, qu'il s'agisse de sociétés européennes, asiatiques, africaines, indonésiennes, etc.[4] »

Cette permanence des inégalités entre les femmes et les hommes souligne combien elles sont structurelles et font système autour du

1. Alice Coffin, *Le Génie lesbien*, Paris, Grasset, 2020.
2. Camille Kouchner, *La Familia grande*, Paris, Seuil, 2021.
3. Expression utilisée par Bibia Pavard, Florence Rochefort et Michèle Zancarini-Fournel dans *Ne nous libérez pas, on s'en charge. Une histoire des féminismes de 1789 à nos jours*, Paris, La Découverte, 2020.
4. Françoise Héritier, Michelle Perrot, Sylviane Agacinski et Nicole Bacharan, *La Plus Belle Histoire des femmes*, Paris, Points, 2014, pp. 61-62.

patriarcat qui régit tous les domaines dans notre société, à travers la domination masculine, « l'un des traits les plus universels de la planète[1] », comme le rappelle l'historien Ivan Jablonka.

Le masculin, comme norme, a conduit à une invisibilisation des femmes : « ce silence se retrouve partout; dans notre culture tout entière, qu'il s'agisse de cinéma, d'actualités, de littérature, de science, d'urbanisme, d'économie ou des histoires que nous nous racontons à nous-mêmes sur notre passé, notre présent et notre avenir », précise Caroline Criado-Perez, journaliste[2]. Saviez-vous, par exemple, que les femmes n'avaient pas été cantonnées à l'espace domestique durant la préhistoire comme les scientifiques du XIXe siècle l'ont affirmé, mais qu'elles avaient été aussi bien cueilleuses que chasseuses d'après des recherches archéologiques plus récentes? Connaissez-vous Hubertine Auclert, qui a milité ardemment en faveur du droit de vote des femmes en France au XIXe siècle? Ou encore Hedy Lamarr, l'inventrice d'un système de transmission pendant la Seconde Guerre mondiale adopté par l'armée américaine et qui n'est autre que l'ancêtre du wifi que nous utilisons aujourd'hui? Il y a encore bien d'autres exemples. Une grande partie de notre histoire collective est maintenue ainsi sous silence et est largement méconnue, contribuant à la perpétuation des stéréotypes de genre qui dessinent les relations entre les femmes et les hommes et qui commencent dès l'école.

Le masculin, comme norme, a conduit à une invisibilisation des femmes.

Faut-il également rappeler qu'il a fallu attendre 1965 pour que les femmes puissent ouvrir un compte bancaire sans l'autorisation de leur mari; que seulement 20 % de femmes sont maires[3], 39 % députées[4];

1. Ivan Jablonka, *Des hommes justes. Du patriarcat aux nouvelles masculinités*, Paris, Seuil, 2019, p. 17.

2. Caroline Criado-Perez, *Femmes invisibles. Comment le manque de données sur les femmes dessine un monde fait pour les hommes*, Paris, First Éditions, 2020, p. 11.

3. Vie publique, *Conseils municipaux : les femmes élues plus nombreuses après les élections 2020*, 9 septembre 2020.

4. Observatoire des inégalités, *La part des femmes progresse à l'Assemblée nationale et au Sénat*, 4 décembre 2018.

que l'écart salarial est d'environ 24 %[1] ; que les femmes touchent moins de 9,3 % environ à poste et compétences égales par rapport aux hommes, encore aujourd'hui ? Même l'espace public est organisé par et pour les hommes qui l'occupent tandis que les femmes le traversent et s'y affairent, ayant principalement la charge des tâches domestiques[2]. Tout un monde est ainsi structuré et façonné par et pour les hommes.

LES VIOLENCES SEXISTES ET SEXUELLES : EN FINIR AVEC LA CULTURE DU VIOL

En mars 2020, le journal ultraconservateur *Valeurs actuelles* titrait « Comment les féministes sont devenues folles » et en sous-titre notamment (passons l'ensemble du descriptif grotesque) : « [elles] fantasment le "patriarcat" ». Vraiment ? Remettre en question le terme pour mieux en nier la réalité, le procédé est bien connu. Plus de deux tiers des Français (69 %) estiment pourtant que la société dans laquelle ils vivent est patriarcale, d'après l'enquête « Fractures françaises » en 2020[3]. La domination masculine est bien présente et se manifeste à son paroxysme à travers les violences conjugales et intrafamiliales. 98 femmes ont été tuées par leur conjoint ou ex-conjoint en France en 2020[4] ; 146 femmes l'ont été en 2019, soit une augmentation de 21 % de féminicides par rapport à 2018 ; 25 enfants ont été tués, victimes d'infanticides ou dans le contexte de violences conjugales. 93 000 femmes déclarent avoir été victimes de viol ou de tentative de viol en 2018[5]. L'enquête « Virage » révèle que l'inceste est perpétré à 96 % par des hommes : un homme sur huit et une femme sur cinq déclarent avoir subi des violences parafamiliales ou intrafamiliales d'ordre psychologique, physique ou sexuel avant

1. Insee, *Écart de rémunération femmes-hommes : surtout l'effet du temps de travail et de l'emploi occupé*, 18 juin 2020.
2. Voir les travaux de l'association Genre et ville.
3. « Fractures françaises 2020, Vague 8 », *Le Monde*, Fondation Jean-Jaurès, Cevipof, l'Institut Montaigne, Sciences Po, Ipsos/Sopra Steria, 15 septembre 2020.
4. Recensement effectué par le collectif associatif « Féminicides par compagnon et ex ».
5. « Étude nationale relative aux morts violentes au sein du couple en 2019 », ministère de l'Intérieur, 17 août 2020.

dix-huit ans[1]. Environ 225 000 femmes sont victimes de violences au sein du couple. En 2018, le 3919, le numéro d'écoute national en France, indiquait que les appels reçus provenaient à 98 % de femmes. Avec la pandémie de Covid-19 et en particulier pendant les confinements, les signalements sur les plateformes dédiées ou *via* les lignes nationales d'écoute n'ont cessé d'augmenter : entre 30 % à près de 200 % dans certaines régions du monde d'après l'ONU. Lors du premier confinement, une augmentation de 40 % des signalements a été constatée, elle a été de 60 % lors du second confinement. La crise sanitaire a accentué les violences. Ainsi, selon les derniers chiffres du ministère de l'Intérieur, les viols ont augmenté de 11 %, et les violences intrafamiliales de 9 % en 2020.

« En 2018, le 3919, le numéro d'écoute national en France, indiquait que les appels reçus provenaient à 98 % de femmes.

Le travail et l'espace public sont aussi des lieux où les violences sexistes et sexuelles sont présentes : 32 % des femmes ont été victimes de harcèlement ou d'agression sexuelle au travail en 2018[2] ; dans les transports en commun, 100 % des femmes déclarent avoir été victimes au moins une fois de violences sexistes et sexuelles[3].

Ce continuum des violences est ainsi vivement dénoncé par les mouvements féministes : « À bas le patriarcat ! », pouvions-nous lire sur des pancartes brandies lors de la dernière manifestation annuelle à l'occasion du 8 mars, organisées par les associations féministes, notamment le collectif #NousToutes. Depuis quelques années, les féministes utilisent différents moyens de communication pour mettre en avant la parole des femmes, leur redonner leur juste place et proposer une autre vision de la société, où les rapports entre les femmes et les hommes seraient repensés. En témoignent le succès d'un

1. Alice Debauche, Amandine Lebugle, Elisabeth Brown *et al.*, *Enquête Virage et premiers résultats sur les violences sexuelles*, Ined, 2015 ; Solène Cordier, « L'inceste, ce crime trop banal perpétré à 96 % par des hommes », *Le Monde*, 23 novembre 2020.
2. François Kraus, *Les femmes et le harcèlement au travail*, Fondation Jean-Jaurès, 28 février 2018.
3. Haut Conseil à l'égalité entre les femmes et les hommes, *Avis sur le harcèlement sexiste et les violences sexuelles dans les transports en commun*, 16 avril 2015.

certain nombre de podcasts, comme *La Poudre* de Lauren Bastide et *Les Couilles sur la table* de Victoire Tuaillon, mais aussi les nombreux collages dans l'espace public dénonçant les violences sexistes et sexuelles, en particulier les féminicides, qui participent à la visibilisation des femmes et des revendications portées pour leurs droits.

Cette libération de la parole est essentielle, mais elle doit être aussi entendue et écoutée. Lutter contre le patriarcat, c'est précisément se heurter à de nombreuses résistances et au conservatisme de notre société sur cette question. En effet, la parole des femmes est toujours autant remise en cause, questionnée, délégitimée au point de voir la multiplication de commentateurs réactionnaires sur la scène médiatique, Éric Zemmour et Alain Finkielkraut en tête, des trolls cyberharceler des militantes, perturber ou interrompre des vidéoconférences féministes. En outre, on voit des mesures attaquant les droits des femmes aboutir, comme c'est le cas, par exemple, en Pologne, où le droit à l'avortement – déjà très limité – est en passe d'être interdit par le parti conservateur Droit et Justice, qui en a fait un cheval de bataille pour contrôler le corps des femmes. L'offensive antiféministe à laquelle nous assistons traduit, selon l'historienne Christine Bard, une « intersectionnalité des haines » où sexisme, racisme, antisémitisme, xénophobie et LGBTphobie se rejoignent. Ne soyons pas dupes de ces tentatives de déstabilisation qui ne tendent qu'à prouver la division des mouvements féministes – qui ont toujours été multiples – pour mieux effacer les revendications. Posons-nous collectivement la question centrale : « comment fait-on pour que les hommes cessent de violer? »[1]. Élaborer une réponse permettrait de poser enfin les jalons d'une société où les femmes et les hommes seraient placés sur un pied d'égalité.

> Une « intersectionnalité des haines » où sexisme, racisme, antisémitisme, xénophobie et LGBTphobie se rejoignent.

1. Tweet écrit par @Melusine_2 et dont le compte a été bloqué temporairement par Twitter. Il a été repris par de nombreuses militantes féministes, qui ont vu, elles aussi, leurs comptes Twitter suspendus.

PERMAFROST

La fonte du permafrost, mot désignant l'ensemble des sols qui ne dégèlent jamais en profondeur, pourrait s'avérer lourde de menaces environnementales, bactériologiques et géologiques. Un point méconnu mais central des échéances climatiques.

CHRISTIAN DE PERTHUIS

Professeur à l'université Paris Dauphine-PSL, fondateur de la chaire Économie du climat, auteur de *Covid19 et réchauffement climatique* (De Boeck, 2020)

Le mot « permafrost » a été introduit dans la langue anglaise par le paléontologue et géologue américain Siemon W. Müller dans un rapport datant de 1943[1]. Combinant les termes « permanent » et « frost », il désigne l'ensemble des sols qui ne dégèlent jamais en profondeur. Ceux de Sibérie où naquit Siemon W. Müller ou ceux d'Alaska qu'il étudia pour le compte de l'armée américaine durant la Seconde Guerre mondiale. Le *Larousse* recommande l'utilisation des formes francisées « pergélisol » ou « permagel ».

1. Siemon W. Müller, *Permafrost or Permanently Frozen Ground and Related Engineering Problems,* U.S. Army, Office of the Chief of Engineers, Strategic Engineering Study n° 62, 1943 (republié en 1947 chez J.W. Edwards).

Le permafrost couvre 25 millions de km^2, soit un cinquième des terres émergées de la planète ou encore vingt-cinq fois la superficie de la France métropolitaine. La grande majorité du permafrost est située dans les hautes latitudes (Sibérie, Canada, Groenland, Alaska, etc.), là où le réchauffement climatique est de deux à trois fois plus rapide que la moyenne. Au-dessus du sol, ce réchauffement provoque la fonte de la calotte glaciaire. Sous la surface, il provoque une altération croissante du permafrost par dégel des couches souterraines.

Les premiers symptômes de l'altération du permafrost apparaissent en surface : les constructions reposant sur des fondations gelées sont affaiblies par la fonte du sous-sol. Cela concerne les maisons ou immeubles qui peuvent se fissurer puis s'effondrer, les routes qui se gondolent, les infrastructures industrielles et énergétiques qui subissent des dommages. Durant l'été 2020, près de 20 000 tonnes de diesel se sont échappées d'une centrale thermique à proximité de la ville sibérienne de Norilsk. L'opérateur a attribué la responsabilité de cette pollution majeure à la fonte du permafrost qui aurait provoqué l'effondrement soudain de la cuve de stockage du combustible.

Ce type de dommage risque de se multiplier avec le réchauffement. D'après une récente étude de synthèse[1], 70 % des constructions situées dans le cercle polaire risquent de se trouver dans des zones vulnérables d'ici à 2050. Les techniques permettant de s'adapter sont connues : renforcement des fondations, constructions sur pilotis, isolation et refroidissement du sol en été. Elles exigent des investissements coûteux, pas toujours mis en œuvre dans les régions concernées[2].

« 70 % des constructions situées dans le cercle polaire risquent de se trouver dans des zones vulnérables d'ici à 2050.

1. Jan Hjort, Olli Karjalainen, Juha Aalto *et al.*, « Degrading permafrost puts Arctic infrastructure at risk by mid-century », *Nature communications*, vol. 9, 2018.
2. Estelle Levresse, « Bâtiments qui se fissurent, routes qui ondulent… L'Arctique russe face à la fonte du pergélisol », Reporterre, 31 juillet 2020.

La vulnérabilité des constructions humaines en surface ne constitue cependant qu'un risque limité au regard des réactions en chaîne que pourrait déclencher le dégel du sous-sol. Le permafrost recèle en effet des quantités considérables de matières organiques. D'après le rapport du GIEC sur l'océan et la cryosphère (2019), de 1 460 à 1 600 Gt de carbone seraient actuellement piégées dans le sous-sol gelé, soit l'équivalent de deux fois celui présent dans l'atmosphère ou encore le tiers du stock contenu dans les réserves ultimes d'énergie fossile.

Quand le permafrost fond, le sol se remet en activité. Le gel agit en effet comme un immense congélateur qui bloque l'activité des micro-organismes. Avec le dégel du sous-sol, ces micro-organismes reprennent du service en minéralisant la matière organique pour produire toutes sortes de nutriments utilisables par les plantes. Cette activité microbienne libère simultanément du CO_2 et du méthane qui repartent dans l'atmosphère.

> « Si le dégel du permafrost libérait la totalité du carbone piégé dans le sous-sol, le stock de carbone dans l'atmosphère serait multiplié par trois.

Si le dégel du permafrost libérait la totalité du carbone piégé dans le sous-sol, le stock de carbone dans l'atmosphère serait multiplié par trois. Cela constituerait une boucle de rétroaction gravissime, provoquant un emballement du réchauffement global. Un tel scénario n'est cependant guère vraisemblable. La remise en route de l'activité du sous-sol n'intervient que dans la couche superficielle du permafrost. Elle a, de plus, un impact bénéfique sur la croissance des plantes qui absorbent au contraire le CO_2 de l'atmosphère. L'estimation des rejets de CO_2 et de méthane résultant de la fonte du permafrost est en réalité un véritable casse-tête pour les chercheurs.

Dans son rapport de 2019, le GIEC indique en premier lieu qu'il y a une grande incertitude sur les impacts du dégel passé du permafrost sur les rejets nets de carbone. Les modèles prospectifs donnent des fourchettes très larges à l'horizon 2100 : le dégel pourrait concerner de 2 % à 66 % des couches superficielles dans des scénarios de réchauffement à moins de 2°C et atteindre de 30 % à 99 % de ces couches dans les scénarios de réchauffement les plus rapides. Au total, les rejets de carbone pourraient atteindre de 10 à 100 Gt, avec un maximum de 240 Gt, soit 15 % du stock actuellement piégé dans le sous-sol. De 40 % à 70 % de ces rejets pourraient s'effectuer sous forme de méthane qui exerce un pouvoir de réchauffement sur cent ans vingt-huit fois supérieur à celui du CO_2.

Un autre risque majeur du réveil des micro-organismes provoqué par le dégel concerne la santé. Les bactéries jouent un rôle essentiel dans la minéralisation de la matière organique et la croissance des plantes. Beaucoup sont indispensables au fonctionnement de notre organisme. Mais certaines sont pathogènes, comme le bacille de charbon. Signal précurseur ? La maladie du charbon qui était éradiquée depuis 1941 dans la péninsule du Yamal est réapparue pendant l'été particulièrement doux de 2016. Réactivé par le dégel[1], le bacille a contaminé les élevages de rennes, encore nombreux dans cette région de Sibérie occidentale. Malgré la mise en quarantaine de la population et l'abattage de dizaine de milliers d'animaux, plusieurs centaines de personnes ont été hospitalisées et un enfant de douze ans est décédé.

Autre découverte inquiétante : celle du Pithovirus[2], un virus géant qui sommeillait depuis 30 000 ans dans les profondeurs glacées du permafrost. Dans la matière organique gelée dans le sous-sol se trouvent de nombreux cadavres d'animaux souvent bien conservés par le froid. On y trouve notamment les grands mammifères aujourd'hui disparus, comme le mammouth, qui ont peuplé l'Arctique pendant l'ère du Pléistocène (-2,6 millions d'années à -12 000 ans).

Autre découverte inquiétante : celle du Pithovirus, un virus géant qui sommeillait depuis 30 000 ans dans les profondeurs glacées du permafrost.

1. « Anthrax : les rennes de Sibérie touchés par le réveil du bacille de charbon », Vétitude, 2 août 2016.
2. Chantal Abergel et Jean-Michel Claverie, « Pithovirus sibericum : réveil d'un virus géant de plus de 30 000 ans », *Médecine/Sciences, Inserm*, vol. 30, n° 3, mars 2014, pp. 329-331.

Ces animaux ont transporté de multiples microbes mis à l'arrêt par le froid. Il est impossible d'anticiper combien se réveilleront avec le dégel et encore moins de savoir s'ils seront porteurs de maladies transmissibles à l'homme. Comme l'indiquent Chantal Abergel et Jean-Michel Claverie, les deux chercheurs à l'origine de la découverte de ce nouveau virus géant, « le Pithovirus n'est pas un pathogène pour l'homme, mais qu'en est-il de tous les autres virus éventuellement présents dans les couches profondes du permafrost ?[1] ».

> La fonte du permafrost nous expose ainsi à un double risque d'accélération du réchauffement et d'apparition d'épidémies.

La fonte du permafrost nous expose ainsi à un double risque d'accélération du réchauffement et d'apparition d'épidémies. Pour faire face, il faut avant tout infléchir la trajectoire mondiale d'émission de gaz à effet de serre. Mais un renforcement de l'action climatique globale ne suffira pas. Il convient également d'identifier les actions ciblées permettant de renforcer, comme dans le cas du Covid-19[2], notre résilience face à ce double risque climatique et sanitaire.

La mobilisation de la recherche est un levier indispensable. Mieux comprendre ce qui se passe sous le sol quand la température s'élève en surface est crucial pour anticiper le rythme du dégel du permafrost. La circulation souterraine de l'eau est un paramètre central. Son étude[3] permet de comprendre les accélérations soudaines de la fragilisation du permafrost, avec glissements de terrains et dangerosité accrue en surface.

Un autre champ stratégique concerne les impacts du dégel du permafrost sur l'équilibre des écosystèmes. Le programme européen « Permthaw » a mis en relief des mécanismes importants concernant le méthane. Les rejets de méthane engendrés par le dégel sont spectaculaires car ils forment des cratères à la surface du sol. Ils constituent

1. *Idem.*
2. Christian de Perthuis, *Covid-19 et réchauffement climatique*, Louvain-la-Neuve, De Boeck Supérieur, 2020.
3. Michelle A. Walvoord et Barret L. Kurylyk, « Hydrologic Impacts of Thawing Permafrost, A Review », *Vadose Zone Journal*, vol. 15, n° 6, juin 2016.

une menace majeure d'accélération du dérèglement climatique du fait du pouvoir de réchauffement élevé de ce gaz. Les expérimentations conduites dans le cadre du programme Permthaw suggèrent que le dégel provoque des rejets immédiats de méthane, mais peut conduire après plusieurs années à de nouveaux écosystèmes stockant du méthane dans le sol.

L'action humaine peut-elle agir sur ces écosystèmes pour lutter contre les effets du réchauffement? C'est à cette question que s'est attelée la station sibérienne du Nord-Est installée en 1980 par Sergei A. Zimov[1] à Tcherski, au cœur des immenses espaces de la Yakoutie, la république de Russie la plus étendue (5,5 fois la superficie de la France métropolitaine). Sergei A. Zimov a été l'un des premiers à alerter sur les risques de rejet de carbone dans l'atmosphère, sous forme de CO_2 ou de méthane.

> « L'action humaine peut-elle agir sur ces écosystèmes pour lutter contre les effets du réchauffement ?

Au fil des ans, Sergei A. Zimov s'est forgé une conviction, exposée dans son article « Pleistocene Park: Return of the Mammoth's Ecosystem » paru en 2005 dans *Science*[2] : la profondeur du permafrost (plusieurs centaines de mètres en Sibérie) et la quantité de matière organique qu'il recèle s'expliquent par les caractéristiques de l'écosystème arctique durant l'ère du Pléistocène. Cet écosystème à dominante herbagère supportait de nombreux mammifères géants et toute une faune d'herbivores. C'est ce qui lui permit de stocker autant de carbone dans le sol. Pour conserver ce carbone dans le sol, la meilleure voie consisterait d'après Sergei A. Zimov à reconstituer un tel système en réintroduisant ces animaux quand ils n'ont pas totalement disparu.

Joignant l'action à la réflexion, Sergei A. Zimov s'est engagé dans une expérimentation dans le « parc du Pléistocène » créé en 1988 : une réserve naturelle s'étendant sur 160 km^2, où sont réintroduits

---

1. « One Russian scientist hopes to slow the thawing of the Arctic », *The Economist*, 19 décembre 2020.
2. Sergey A. Zimov, « Pleistocene Park: Return of the Mammoth's Ecosystem », *Science*, 6 mai 2005.

bisons, bœufs musqués, races locales de chevaux sauvages et beaucoup d'autres animaux. L'objectif est de régénérer et d'étendre les herbages pour stocker le carbone dans le sol et de freiner le dégel notamment grâce au piétinement des animaux sur la neige.

Parfois considérées avec ironie, ces recherches sont prometteuses. Elles témoignent de la place grandissante de la protection des sols dans l'action climatique. Le récent rapport du GIEC sur les sols nous l'a rappelé dans le cas des zones de plus basses latitudes où la reconstitution du couvert végétal est une arme décisive pour stocker le carbone et freiner la désertification. Sergei A. Zimov et ses équipes nous le rappellent dans le cas du permafrost, même s'il est trop tard pour réintroduire le mammouth dans la toundra.

> « La reconstitution du couvert végétal est une arme décisive pour stocker le carbone et freiner la désertification.

PEUPLES AUTOCHTONES

Les nouvelles manières de concevoir le monde et les interactions avec le milieu naturel invitent à considérer l'homme comme une entité faisant partie intégrante d'un tout. Approches et usages, que nous disent les peuples autochtones de cet enjeu majeur d'aujourd'hui ?

FANNY PARISE
Anthropologue des mondes contemporains
Institut lémanique de théologie pratique, université de Lausanne

« Il n'y a pas de civilisation "primitive", ni de civilisation "évoluée", il n'y a que des réponses différentes à des problèmes fondamentaux et identiques. »
Claude Lévi-Strauss, *La Pensée sauvage*, 1962.

L'aspiration au « monde d'après » semble produire un phénomène anthropologique singulier : celui de la convergence des réponses aux problèmes universaux dont parle Claude Lévi-Strauss. Ce phénomène engendre l'apparition d'une nouvelle terminologie pouvant paraître très exotique pour un Occidental, comme le mutualisme entre l'homme et l'animal, le biomimétisme qui s'inscrit au sein de l'économie dite « symbiotique », ou encore l'animisme qui tend à conférer une valeur similaire à toute chose et à tout être vivant. Ces nouvelles manières de concevoir le monde et les interactions de l'homme avec son milieu naturel ne sont pourtant pas nouvelles. Elles existent, parfois depuis très longtemps, au sein d'autres aires culturelles. La valorisation médiatique et entrepreneuriale de ces notions en 2021 témoigne, d'après nous, de deux enjeux majeurs. Tout d'abord, celui d'un essoufflement de l'approche technocentrée de la notion de progrès en Occident. Autrement dit, la technologie ne serait plus une fin en soi, mais un moyen d'atteindre un certain nombre d'objectifs, notamment liés à la transition environnementale. Ensuite, deuxième enjeu majeur, celui selon lequel l'homme ne serait plus le centre du monde et devrait s'inscrire au sein d'un écosystème avec lequel il serait en collaboration.

« L'homme ne serait plus le centre du monde et devrait s'inscrire au sein d'un écosystème avec lequel il serait en collaboration.

S'interroger sur le sens de la (ré)apparition en Occident de ces nouvelles modalités d'être au monde permet de donner des clés de lecture renouvelées au processus de déconsommation amorcé au sein des modèles de sociétés capitalistes.

Appliquer la démarche anthropologique, constituée de trois étapes successives comme définies par Claude Lévi Strauss[1], à l'analyse des usages et des représentations de la déconsommation, nous donne des premiers éléments de réflexion. À l'échelle ethnographique

1. Le présent article reprend des développements d'un précédent travail : Philippe Descola, « Anthropologie structurale et ethnologie structuraliste », dans Jacques Revel et Nathan Wachtel (dir.), *Une école pour les sciences sociales. De la VIe Section à l'École des hautes études en sciences sociales*, Paris, Éditions du Cerf/EHESS, 1996, pp 127-143.

(première étape), la déconsommation est un comportement individuel visant à modifier de façon volontaire sa consommation (réduction des sommes dépensées, diminution des quantités consommées, transfert de la consommation de certains produits vers d'autres, réparer plutôt qu'acheter, faire soi-même, etc.). L'échelle ethnologique (deuxième étape), elle, nous permet d'identifier la mise en place d'une dynamique commune qui permet de donner une cohérence aux actions de déconsommation. Une sorte d'« esprit collectif » permettant de justifier les changements de modes de production et de consommation pour tendre à plus de soutenabilité et de responsabilité. Enfin, et peut-être même avant tout, l'échelle anthropologique (troisième étape) met en exergue un phénomène tout à fait intéressant : une partie des innovations associées à la déconsommation en Occident relèveraient de ce que l'on appelle l'« appropriation culturelle ». Plus précisément, ce qui apparaît comme une innovation nouvelle chez nous est en réalité une pratique traditionnelle dans d'autres cultures. En Occident, la déconsommation prône la réparabilité des objets, plutôt que leur destruction. Cette vision est novatrice par rapport aux valeurs prônées par la société de consommation de masse de la fin du siècle dernier. Au Japon, il s'agit d'une pratique traditionnelle. On appelle ça le « *kintsugi* », signifiant littéralement « jointures à l'or ». Cette technique de restauration des céramiques est l'art de fixer les poteries brisées avec de la laque et de la poussière d'or, laissant ainsi apparaître les traces de la réparation, tout en permettant la possible réutilisation de l'objet. Il en va de même pour l'ayurvéda, une médecine traditionnelle non conventionnelle originaire de l'Inde, faisant de plus en plus d'adeptes en Occident, notamment grâce à ses préceptes alimentaires. Le régime ayurvédique associe le corps, l'âme et l'esprit. Son objectif est le retour à l'équilibre et la prévention des pathologies, y compris des affections chroniques. L'essor de cette philosophie de vie va de pair avec celui de la consommation spirituelle[1] et

En Occident, la déconsommation prône la réparabilité des objets, plutôt que leur destruction.

1. Fanny Parise, « Bienvenue dans l'ère de la consommation spirituelle », *The Conversation*, 6 janvier 2019.

de la montée des particularismes alimentaires. Cette quête de sens dans le quotidien des Occidentaux va se traduire par l'intégration de visions du monde holistiques et lointaines. Cette circulation culturelle entre l'ailleurs et le très proche n'est pas un phénomène nouveau. Les emprunts de savoir-faire, de symboles ou d'objets entre différents peuples ou cultures ont toujours existé, notamment dans le domaine de la mode, des arts plastiques ou encore de la musique. Certaines critiques prônent l'idée selon laquelle l'utilisation d'éléments d'une culture par les membres d'une autre culture dominante (ici occidentale) ou jugée néocoloniale serait intrinsèquement irrespectueuse. Dans le cadre des exemples précédemment cités, il semble, *a contrario*, que les sociétés auxquelles on emprunte certaines spécificités culturelles soient valorisées, notamment à travers leur capacité à inscrire l'individu en cohérence avec lui-même ou avec son environnement.

« Cette quête de sens dans le quotidien des Occidentaux va se traduire par l'intégration de visions du monde holistiques et lointaines.

Cependant, l'approche occidentalo-centrée de la déconsommation persiste et engendre des tentatives de réinventions de savoir-faire lointains, prônées par de nombreux experts ou entreprises. C'est notamment le cas concernant la cohabitation avec l'animal où de nombreux projets voient le jour pour proposer une relation pacifiée de l'homme avec la faune environnante, ou même afin de la faire revenir (biodiversité urbaine) : des hôtels à insectes pour lutter contre les parasites dans le jardin, des canards qui remplacent les pesticides dans les rizières (Camargue, France) ou encore la valorisation de l'éco-pâturage[1] en milieu urbain. Au Mozambique, cette cohabitation n'a jamais disparu. En effet, un oiseau appelé le grand indicateur (*Indicator indicator*) indique à l'homme le chemin vers les ruches sauvages nichées au creux des arbres. Il s'agit d'un principe spécifique de collaboration inter-espèce de type mutualiste, chaque protagoniste tirant un bénéfice de cette association. Pour l'homme,

1. Par exemple, des moutons vont tondre en ville afin de limiter l'usage d'engins et de désherbants.

cet oiseau est un guide qui lui permet d'identifier où se situe le miel qu'il aurait bien du mal à trouver sans son aide. Pour l'oiseau, l'homme est également un allié qui lui donne accès, grâce à l'enfumage de la ruche, à ses mets favoris (larves et cire d'abeille). Seul, il craint les piqûres et son bec ne lui permet pas d'accéder aux nids d'abeilles. Les recherches menées sur ce phénomène démontrent que l'oiseau « comprend littéralement ce que l'homme lui dit » à travers la mobilisation d'un langage et d'un mode d'être spécifique, suggérant que les « comportements de l'oiseau et de l'homme ont co-évolué en réponse l'un à l'autre »[1].

Autres exemples, concernant cette fois-ci la valorisation des propriétés de certains aliments traditionnels et extra-occidentaux. Au Meurice à Paris, il est possible de déguster un cocktail à base de spiruline. Il s'agit d'une cyanobactérie (ou micro-algue) considérée comme un super-aliment aux mille vertus. Connue comme complément alimentaire depuis 1975 en Occident, la spiruline conquiert à présent de nouveaux marchés et attise l'intérêt des agriculteurs, des startupeurs, des industriels et, bien évidemment, des consommateurs. Depuis quelques années, des initiatives privées ou collaboratives proposent une nouvelle expérience : la production domestique ou familiale qui permet de la consommer fraîche (et non séchée comme majoritairement disponible dans le commerce), suivant un principe de récolte, de conservation et de consommation proches de ceux pratiqués traditionnellement, notamment encore au Tchad[2]. La spiruline est loin d'être le seul emprunt de connaissances et de pratiques traditionnelles extra-occidentales servant à accompagner la transition écologique, à amener le consommateur occidental à des pratiques plus soutenables ou à accompagner les entreprises dans leur adaptation aux nouvelles attentes du marché. Il y a aussi l'artemisia, « plante miracle » permettant de soigner le paludisme, même si elle fait débat; ou encore le henné, colorant d'origine végétale obtenu à

Au Meurice à Paris, il est possible de déguster un cocktail à base de spiruline.

1. Florence Rosier, « Comment un drôle d'oiseau s'allie à l'homme pour dénicher les ruches », *Le Monde*, 26 juillet 2016.
2. www.spirulinaforchange.org

partir de feuilles séchées, qui apparaît aujourd'hui comme une alternative aux teintures chimiques pour les cheveux. Cette tentative de reconnexion avec la nature inspire également l'architecture à travers des projets urbains bio-inspirés, comme au Zimbabwe, où le modèle d'un immeuble s'est inspiré des termites pour se passer de climatisation. D'autres projets visent encore à réhabiliter les habitats dits « vernaculaires », en prenant en compte le climat, la géographie, les matériaux locaux pour construire des bâtiments.

L'objectif semble toujours être le même : ne plus situer l'homme au cœur de son écosystème, mais bien comme faisant partie intégrante d'un tout. D'un point de vue anthropologique, tout laisse penser que la valorisation de nouvelles formes de production et de consommation coïncide avec l'évolution des imaginaires du futur. Lorsque le modèle du progrès et de la croissance occidentale était un mythe paraissant plausible, les individus allaient chercher les innovations dans un imaginaire spécifique, celui du tout-technologique. À mesure que ce mythe semble se dérober sous les pieds des Occidentaux, il a fallu faire évoluer nos croyances. Elles nous permettent de justifier nos actions, c'est-à-dire notre présent, tout en donnant une direction à notre futur. Le mythe de l'effondrement climatique s'est progressivement installé. De ce mythe découle un imaginaire, celui du low-tech comme nouvelle norme de production-consommation. Nos utopies du siècle des Lumières sont devenues celles des dystopies post-apocalyptiques du XXIe siècle. La mise en action de ces récits peut prendre différentes formes : réinventer des modes d'être et d'agir dans le monde, ou alors faire des emprunts culturels à des populations extra-occidentales, une façon ainsi d'être rassuré par l'idée de continuité.

> La spiruline est loin d'être le seul emprunt de connaissances et de pratiques traditionnelles extra-occidentales.

En définitive, la déconsommation semble annoncer un nouvel âge, celui du « faire ». L'individu doit réapprendre à maîtriser ce qu'il utilise, engendrant la valorisation de dispositifs plus rudimentaires et moins transformés. Tout se passe comme si la période d'incertitude que nous traversons permettait la réactualisation du mythe de l'âge d'or. En ce sens, le « c'était mieux avant » comme résistance nostalgique au présent fonctionne également avec le « c'est mieux ailleurs », notamment chez des populations dont le mode de vie paraît le plus éloigné de nous, le plus protégé de l'Occident. Non loin de rappeler le mythe du bon sauvage.

Dès lors, ce changement de posture nécessite des réflexions plus profondes comme celle de la place du progrès et des inégalités au sein des sociétés, non seulement occidentales mais plus largement mondiales. L'aune d'une société globale de la déconsommation va-t-elle reconstruire une société comme la précédente ou prendre un nouveau chemin ?

> En définitive, la déconsommation semble annoncer un nouvel âge, celui du « faire ».

SANS CONTACT

Déjà marquée depuis des années par une hyper-connexion qui nous éloigne de notre humanité, la crise liée au Covid-19 a creusé le phénomène de la vie « sans contact », au point de l'imposer comme une norme. Le début d'une solitude moderne ?

FRANÇOIS SALTIEL

Journaliste pour Arte, producteur au sein de la structure Art2voir et auteur de *La société du sans contact. Selfie d'un monde en chute* (Flammarion, 2020)

2020. L'année où nous n'avons pas pu enterrer dignement nos morts, celle où un simple câlin aura été perçu comme un geste mortifère, celle où les cafés et restaurants ont été fermés au profit de réseaux sociaux omnipotents. L'année où les salles de cinéma ont été plongées dans une obscurité tenace, laissant le terrain de l'évasion aux seules plateformes de streaming. L'année des premiers confinements qui nous ont poussés dans l'isolement, des étudiants en « distanciel » qui ne connaissent de l'expérience universitaire que la voix d'un professeur qui s'échappe de leur ordinateur, ou des célibataires en mal d'amour s'en remettant aux algorithmes mystérieux de Tinder comme unique promesse de rencontres. Des pensionnaires d'Ehpad orphelins de la tendresse de leurs proches et des millions de télétravailleurs ayant pour seul horizon l'écran des visioconférences. 2020 aura été l'année du « sans contact », une hyper-connexion qui nous éloigne de notre humanité. Ce phénomène était déjà en germe avant la crise liée au Covid-19 mais il menace désormais de s'imposer comme une norme.

Cette expérience collective inédite est liée à une crise sanitaire extraordinaire et elle conforte le modèle économique des GAFAM qui tablent sur la numérisation du monde. Amazon a connu des performances records en Bourse (+76 % en 2020), Apple a affiché le plus gros bénéfice jamais enregistré par une entreprise privée sur un trimestre (27,8 milliards de dollars), Netflix a consolidé son leadership mondial en dépassant les 200 millions d'abonnés et son fondateur Reed Hastings confie que son principal concurrent est notre sommeil. Facebook, Zoom, TikTok, ainsi que nombre d'autres entreprises technologiques ont accéléré leur expansion et imposé une philosophie où l'existence humaine peut se passer de la rencontre physique. Pourquoi me rendre dans un cinéma si le même film est accessible au même moment en trois clics depuis mon canapé ? Pourquoi me donner la peine de faire mon marché si un livreur peut me déposer un plat chaud derrière la porte ? Pourquoi échanger avec mon libraire si je peux m'en remettre aux choix de Jeff Bezos (fondateur d'Amazon) ? Pourquoi aller dans un amphithéâtre si l'on peut suivre un enseignement à distance ?

> 2020 aura été l'année du « sans contact », une hyper-connexion qui nous éloigne de notre humanité.

La réponse tiendrait dans la défense farouche de nos valeurs pour préserver la communion, l'expérience de l'altérité, la magie du hasard et la beauté de la rencontre. Si je ne vis qu'à travers cet avatar qui expose sur Instagram sa version améliorée, je prends le risque de me couper de ma propre réalité. Si je ne confie mes opinions au seul Twitter, je prends le risque de sombrer dans la polarisation stérile des idées. Si ma fenêtre sur le monde se résume à mon fil d'actualité Facebook, je ne découvrirai qu'un monde présélectionné et taillé sur-mesure. Les réseaux sociaux nous bombardent de notifications, piratent notre attention et s'infiltrent dans chaque interstice de notre quotidien. Souvenez-vous du temps où nous avions encore le droit de nous installer à une table de café et que nous tournions systématiquement notre regard vers l'écran de notre smartphone. Le confinement nous a simplifié la tâche en nous laissant désormais en tête-à-tête avec nos écrans. Ces applications défient notre volonté avec des armes redoutables car elles sont le fruit d'intenses recherches cognitives qui savent exploiter à merveille les failles de notre cerveau. Les réseaux sociaux qui gagnent chaque jour un peu plus d'utilisateurs se nourrissent de notre distance physique et profitent de notre « servitude volontaire ».

Nous avons coutume de croire que les réseaux sociaux sont un outil neutre qui laisserait libre l'utilisateur d'en faire le meilleur ou le pire des usages. Mais il apparaît de plus en plus clairement que les concepteurs de la Silicon Valley orientent son usage sur les chemins de la dépendance et de l'isolement intellectuel. Et lorsque la population en tire le meilleur, c'est bien souvent grâce à un détournement, à l'image des « printemps arabes » de 2010-2011 où Twitter comme Facebook auront permis à une révolution de se fomenter dans l'angle mort de la censure. Ces plateformes de « divertissement » se sont alors transformées en une arme d'émancipation pour parfois renverser des régimes autoritaires même si elles n'avaient pas été programmées pour cela. *Idem* lorsque le mouvement de dénonciation des violences policières « Black Lives Matter » s'infiltre chez TikTok pour sensibiliser une jeunesse mondiale. Il est d'ailleurs assez désolant d'observer que c'est ce même Facebook qui a été rendu coupable en 2016 de manipulation des foules et d'instrumentalisation avec le scandale Cambridge Analytica. Quant au réseau Twitter de Jack Dorsey, le bannissement du compte de Donald Trump à la veille de la fin de son mandat pose de nombreuses questions sur la capacité et la légitimité d'une entreprise privée à juger de la liberté d'expression. Ces réseaux sont devenus trop puissants et s'affranchissent des règles pour, *in fine*, mieux imposer leur loi.

« Les réseaux sociaux qui gagnent chaque jour un peu plus d'utilisateurs se nourrissent de notre distance physique et profitent de notre « servitude volontaire ».

Chercher à se libérer des législations étatiques jugées contraignantes pour développer un modèle où l'individu est roi est le propre de la philosophie libertarienne partagée par la plupart des dirigeants de ces géants du monde numérique. Une vision du monde qui peut à terme entrer en opposition avec les valeurs démocratiques et la préservation de notre contrat social.

Les libertariens considèrent la liberté individuelle comme une valeur fondamentale qui doit guider les rapports sociaux, économiques et le système politique. Ils sont favorables à une réduction du rôle de l'État, voire à sa disparition totale. Une philosophie politique qui milite pour le respect total des libertés individuelles et économiques en tant que droit naturel. Elle consacre le libre arbitre où l'individu serait en mesure de se réguler seul pour le « bien commun ». Un individu libéré qui échapperait évidemment à l'impôt, perçu comme un prélèvement injuste restreignant la liberté d'entreprendre. Nous constatons que les dirigeants des GAFAM partagent ce point de vue, eux qui n'hésitent pas à s'affranchir des impôts et des taxes dans les pays dans lesquels ils opèrent en pratiquant une optimisation fiscale sauvage. Apple enregistre ainsi, depuis 1991, une grande partie de ses activités européennes en Irlande où la Pomme a passé un accord fiscal secret avec le gouvernement, Facebook a fait des îles Caïmans son nouvel ami pour y installer son siège européen et Google a opté pour le paradis fiscal des Bermudes *via* une société-écran basée aux Pays-Bas. La France a bien tenté de convaincre le monde d'imposer en 2019 une taxe GAFA pour compenser ce manque à gagner qui se compte en milliards d'euros, mais cette dernière n'a pas abouti, notamment du fait de la pression des autorités américaines. Voilà qui dévoile la faiblesse d'États obligés de se soumettre à la loi de méga-entreprises.

Une vision du monde qui peut à terme entrer en opposition avec les valeurs démocratiques et la préservation de notre contrat social.

L'un des chantres du libertarisme s'appelle Peter Thiel. C'est le cofondateur de la plateforme de paiement numérique PayPal, l'un des premiers investisseurs de Facebook, dont il siège toujours au conseil d'administration, et un ancien conseiller de Donald Trump. Il est surtout le cofondateur de la start-up Palantir Technologies dont le nom est inspiré de l'œuvre du britannique J. R. R. Tolkien. Dans *Le Seigneur des anneaux*, les Palantíri sont des pierres magiques qui permettent de voir au loin pour surveiller et piéger ses ennemis. Rendre visible l'invisible sans être vu, une merveilleuse promesse qui fait rêver tous les services de renseignement du monde. La force de Palantir réside dans sa capacité à traiter de gigantesques quantités de données personnelles et de parvenir à établir entre elles des connexions afin de les rendre exploitables pour ses clients, dont la CIA, la NSA et le FBI font partie. En Europe, la DGSI (Direction générale de la sécurité intérieure) et les services de santé britanniques (NHS) se sont laissés tenter à l'occasion de la crise sanitaire. Le Covid-19 a aussi permis à la start-up de décrocher un contrat pour participer à l'organisation de la campagne vaccinale américaine et à la répartition des doses de vaccins sur le territoire. Un libertarien hyper-influent chapeaute donc en partie des fonctions régaliennes et de santé publique, ce qui était jusqu'à récemment l'apanage de l'État.

Les GAFAM tout comme les libertariens rêvent d'un endroit où ils seraient les seuls maîtres d'une fiscalité réduite à peau de chagrin et où les décisions politiques n'auraient plus de prise sur le destin des individus. Jeff Bezos et Elon Musk, en compétition pour le titre d'homme le plus riche de la planète, partagent les mêmes ambitions spatiales. Le premier veut envoyer des touristes sur la Lune (Blue Origin) et le second vise la colonisation de la planète Mars (Space X). Ne nous y trompons pas, il ne s'agit pas de délires démiurgiques de milliardaires désœuvrés mais d'un projet politique inspiré par la philosophie libertarienne. Des documents internes de Space X ont d'ailleurs révélé qu'Elon Musk souhaitait imposer sa propre législation s'il parvenait à mettre en premier un pied sur la planète rouge.

Et si demain nous n'étions plus gouvernés par des États démocratiques qui garantissent le principe d'universalité des droits, il est fort probable que notre pouvoir électoral serait remplacé par notre pouvoir d'achat par nature inégalitaire. Il convient d'ailleurs de rappeler que l'idée d'un revenu universel est encouragée par les libertariens ou Jack Dorsey (fondateur de Twitter) qui mène une expérience en ce sens dans seize villes américaines en investissant 3 millions de dollars. Au-delà de son ambition égalitaire défendue par les partis de gauche, le revenu universel peut

> « La crise sanitaire a renforcé l'empire des GAFAM mais elle a aussi eu le mérite de mieux dévoiler leurs ambitions.

également être perçu comme un outil d'engourdissement et de contrôle des foules ; on ne mord pas la main qui vous nourrit.

Marcher sur les plates-bandes des prérogatives publiques est aussi à l'œuvre chez Google qui poursuit un projet plus terre à terre de construction de Google Cities. La première était censée, jusqu'à peu, s'installer à Toronto. Un projet qui ambitionnait de s'étendre à terme sur 77 hectares. Une ville dans la ville réglée comme du papier à musique connecté qui promettait à Toronto des dizaines de milliers d'emplois et des logements à loyer modéré. Google se proposait aussi de financer les transports publics en rêvant de doter son quartier d'un régime juridique d'exception. Un projet avorté en raison de la crise sanitaire mais qui ne manquera pas de refaire surface là-bas ou ailleurs, sachant qu'Eric Schmidt, ancien PDG de Google, est devenu un consultant du gouverneur de l'État de New York pour réinventer la mégalopole à l'ère post-Covid-19. Pour Eric Schmidt, les nouvelles technologies ont été un antidote miraculeux à la pandémie et il serait temps d'aller encore plus loin. D'abord des quartiers, puis des villes, des régions et peut-être un jour un pays, une planète. Cette ambition est cohérente avec celles de Peter Thiel ou d'Elon Musk. Les GAFAM investissent le terrain de la santé, de la défense, du renseignement, de l'économie, de la culture et de l'éducation. Il ne leur manque plus qu'une terre.

La crise sanitaire a renforcé l'empire des GAFAM mais elle a aussi eu le mérite de mieux dévoiler leurs ambitions. La suspension de nos libertés de réunion comme de circulation doit nous alerter sur la valeur inestimable de ces dernières. Une fois que nous serons sortis de cette épreuve, nous devrons préserver les circuits courts de la sociabilité. Nous battre pour maintenir nos comptoirs de café, nos salles de théâtre, de cinéma, les petits commerces, les associations de quartier et tout ce qui nous permet de ressentir l'autre au-delà de l'écran. En un mot, relever les yeux pour mieux tendre la main.

SOLIDARISME

La crise économique et sociale a réhabilité l'intervention de l'État pour renforcer les protections face à l'urgence et préparer les transitions pour le « monde d'après ». Dans ce contexte, une ancienne doctrine refait surface : le solidarisme. Décryptage et enjeux.

TIMOTHÉE DUVERGER
Maître de conférences associé à Sciences Po Bordeaux,
chercheur associé au Centre Emile-Durkheim,
responsable de la chaire TerrESS

LA SOLIDARITÉ PAR GROS TEMPS

La solidarité connaît un nouveau souffle depuis la crise liée au Covid-19, et cela à plusieurs niveaux. La pandémie a révélé notre interdépendance dans un contexte global à laquelle ont répondu des solidarités de proximité, recensées par exemple sur la plateforme covid-entraide.fr, et des aspirations aux circuits courts, tout cela en tenant compte de l'urgence de la situation : masques cousus par des couturières, respirateurs fabriqués par des « fab labs », consommation d'une alimentation locale, proposition pour la relocalisation de la production de médicaments[1]…

1. François Dechy et Jérôme Saddier, « "Créons un réseau de sociétés coopératives d'intérêt collectif pour produire les médicaments" », *Le Monde*, 10 juin 2020.

La crise économique et sociale a réhabilité l'intervention de l'État pour renforcer les protections (face à l'urgence) et préparer les transitions (pour le « monde d'après »). Les mesures de soutien se sont multipliées : chômage partiel, report des échéances fiscales et sociales, aide au financement des entreprises, etc. Si l'État a refusé de conditionner les aides économiques à des critères d'impact, il a prévu 30 milliards d'euros pour la transition écologique dans son plan de relance.

> « La crise économique et sociale a réhabilité l'intervention de l'État pour renforcer les protections.

Deux tensions sont ainsi apparues au sein de la solidarité. D'une part, entre une solidarité subie, l'interdépendance qui s'impose à tous, et une solidarité choisie qui relève d'un mode d'organisation de la société. D'autre part, entre des solidarités d'engagement et une solidarité de droit[1]. La crise sanitaire joue ainsi le rôle de répétition générale sinon de l'effondrement du moins des crises à venir en entraînant une recomposition de la solidarité[2].

LA QUESTION SOCIALE ET L'ÉTAT

Cette tendance nous amène à interroger le solidarisme dont le livre *Solidarité* de Léon Bourgeois paru en 1896 a constitué le moment tout en en fixant la doctrine. La solidarité participe alors d'un mouvement d'autoprotection de la société face au marché[3] visant à résoudre la question sociale. Dans le contexte d'un État libéral qui assure une cohésion sociale minimale pour sauver le capitalisme industriel des remises en cause ouvrières, l'idée de solidarité s'affirme pour constituer

1. Cette distinction a été proposée, concernant le développement social, dans le rapport de Michel Dinet et Michel Thierry (dir.), *Gouvernance des politiques de solidarité*, Rapport présenté dans le cadre de la conférence nationale contre la pauvreté et pour l'inclusion sociale, 2012.
2. Gauthier Chapelle et Pablo Servigne, *L'Entraide. L'autre loi de la jungle*, Paris, Les liens qui libèrent, 2017.
3. Karl Polanyi, *La Grande Transformation. Aux origines politiques et économiques de notre temps*, Paris, Gallimard, 2009.

le pivot d'une « invention du social[1] ». Rejetant à la fois la concurrence et la lutte des classes, elle a pour objectif de concilier l'individu (la propriété privée) et la société (la dette sociale).

C'est ce qui amène l'économiste Charles Gide, issu du mouvement coopératif, à tenter une définition de l'économie sociale conçue comme l'ensemble des « institutions de progrès social[2] », comprenant les associations, le patronage (en recul) et les lois sociales (en augmentation). La solidarité contribue de la sorte à un infléchissement de la culture politique jacobine en accordant un rôle aux corps intermédiaires dans la régulation économique et sociale.

À la fin du XIXe siècle, l'associationnisme hérité des années 1830-1840 est morcelé par un processus de différenciation fonctionnelle aboutissant à l'octroi de statuts spécifiques pour l'activité économique (titre III de la loi de 1867 sur les sociétés donnant un cadre légal aux coopératives avant l'adoption de multiples lois spéciales), la défense des intérêts professionnels (loi de 1884 sur les syndicats), l'entraide et la solidarité (charte de la mutualité de 1898) ou encore le principe même du droit d'association (loi de 1901). Cette reconnaissance est congruente de la mise en œuvre des premières politiques sociales, tant dans le domaine de l'assistance (lois de 1893 sur l'assistance médicale gratuite et de 1895 sur l'assistance aux vieillards, infirmes et incurables) que de l'assurance (lois de 1898 sur les accidents du travail et de 1910 sur les retraites ouvrières et paysannes).

LE NÉO-SOLIDARISME

La sortie de crise laisse entrevoir une alternative. *Reboot* ou *restart* ? Retour au « monde d'avant » ou transition vers le « monde d'après » ? L'émergence d'une nouvelle

« La sortie de crise laisse entrevoir une alternative. *Reboot* ou *restart* ?

1. Jacques Donzelot, *L'Invention du social. Essai sur le déclin des passions politiques*, Paris, Seuil, 1994.
2. Charles Gide, *Les Institutions du progrès social*, Paris, L'Harmattan, 2007.

question sociale[1], qui entraîne le chômage, la pauvreté et l'exclusion, a pour corollaire une crise de l'État-providence[2]. La solidarité redistributive est mise en cause par le nouveau management public qui préconise une activation des dépenses sociales. La solidarité étatique traditionnelle est jugée déresponsabilisante. Elle polarise autour d'elle, d'une part, une orientation marchande portée par les libéraux en vue de son démembrement et, d'autre part, une orientation réciprocitaire qui, dans un esprit autogestionnaire, a pour objectif sa réappropriation citoyenne. Une alternative se dessine ainsi entre un « capitalisme d'intérêt général[3] » dans lequel l'entreprise se verrait transférer les fonctions sociales de l'État et les communs qui inventeraient un néo-solidarisme pour démocratiser l'État-providence.

« La solidarité étatique traditionnelle est jugée déresponsabilisante.

D'un côté, le nouveau capitalisme repose sur l'entreprise d'intérêt général, à laquelle il revient de combiner l'initiative privée lucrative à une finalité d'intérêt général. Il conduit à une dilution. Les différences entre le secteur privé, le secteur public et l'économie sociale et solidaire (ESS) sont abolies par la mise en concurrence de l'ensemble des acteurs dont les résultats sont jugés à l'aune de leur impact social. Le capitalisme d'intérêt général organise de ce fait le passage d'un État producteur de biens et de services à un État stratège recentré sur ses missions régaliennes et externalisant ses missions à travers des marchés publics.

De l'autre, les communs s'appuient sur trois piliers : une ressource commune, à laquelle sont attachées des règles d'accès et une gouvernance collective[4]. Appliqués à l'État-providence, ils encouragent l'octroi de droits attachés aux individus (revenu universel), les partenariats public-ESS, l'ouverture de la gouvernance aux citoyens et

1. Pierre Rosanvallon, *La Nouvelle Question sociale. Repenser l'État-providence*, Paris, Seuil, 1995.
2. Pierre Rosanvallon, *La Crise de l'État-providence*, Paris, Seuil, 1981.
3. Jean-Marc Borello, *Pour un capitalisme d'intérêt général*, Paris, Débats publics, 2017.
4. Benjamin Coriat, « Communs fonciers, communs intellectuels, Comment définir un commun ? », dans Benjamin Coriat (dir.), *Le Retour des communs. La crise de l'idéologie propriétaire*, Paris, Les liens qui libèrent, 2015, p. 29-50.

l'encastrement du système social dans un monde fini, le renouvellement des ressources important autant que leur accès.

Toute la question pour l'avenir est de savoir laquelle de ces deux orientations l'emportera pour modifier la trajectoire de l'État-providence. Le capitalisme internalisera-t-il la prise en charge des problèmes sociaux qu'il crée ? Ou les aspirations démocratiques conduiront-elles à une refonte de l'État-providence dans le référentiel des communs ?

« Le capitalisme internalisera-t-il la prise en charge des problèmes sociaux qu'il crée ?

SOUVERAINETÉ

Nouveau mantra chez de nombreux responsables politiques, la souveraineté peut rester un idéal démocratique et émancipateur pourvu qu'elle parvienne à maîtriser la puissance, avec laquelle certains la confondent encore, et à embrasser des champs neufs.

CHLOÉ RIDEL
Directrice adjointe de l'Institut Rousseau,
haut fonctionnaire

Dans *La Découverte du ciel*[1], le romancier néerlandais Harry Mulisch lance son personnage Onno Quist, linguiste prodigieux, dans une définition du pouvoir. Le pouvoir, dit-il, est comme une muraille dorée, un monstre d'apparat dont l'illusion de magistrature est entretenue par les « costumes sombres, les limousines silencieuses, les gardes, le protocole, l'organisation parfaite, le calme velouté des palais et des ministères ». Historiquement, le pouvoir est représenté. Son exercice par le souverain ne va pas sans mise en scène et création de symboles. Les rois portent une couronne et les papes, jusqu'à Paul VI, une tiare. En France, le premier acte public d'un préfet ne consiste pas

1. Harry Mulisch, *La Découverte du ciel*, Paris, Gallimard, 1999.

à ce qu'il prenne une décision, signe un arrêté, mais à ce qu'il dépose une gerbe aux monuments aux morts lors d'une cérémonie officielle qui rassemble les élus ainsi que les autorités civiles et militaires. Ce geste solennel consacre sa prise de fonction et permet l'exercice de son pouvoir.

À mesure que le pouvoir politique se vide de sa puissance, nous regardons ses mises en scène avec ironie. La souveraineté n'est-elle plus qu'un folklore ? Que reste-t-il derrière la « muraille dorée » ? Que reste-il, tout court, en dehors ? La puissance a pris d'autres atours et elle n'est pas l'apanage des souverains. Les grands de la Silicon Valley présentent leurs nouveaux produits vêtus d'un tee-shirt, jeans et baskets, lors de conférences suivies par des millions de personnes. Les forces d'argent et autres agences de notation se font discrètes, bien qu'elles puissent contraindre un État à la faillite.

« À mesure que le pouvoir politique se vide de sa puissance, nous regardons ses mises en scène avec ironie.

Longtemps, la souveraineté s'est confondue avec la puissance. « Souveraineté » est un mot dérivé du latin *superus* qui signifie littéralement « supérieur », « dessus ». Le souverain est celui qui est au-dessus des autres. Il détient un pouvoir de vie et de mort sur les individus comme le *pater familias* en droit romain disposait, selon son désir, de la vie de ses enfants et de ses esclaves. La souveraineté se définit, en droit, comme la détention de l'autorité suprême, c'est-à-dire d'un pouvoir absolu (dont tous dépendent) et inconditionné (qui ne dépend pas de qui que ce soit). Le juriste allemand Georg Jellinek la définit comme la « compétence de la compétence »[1] : le souverain est celui qui donne le pouvoir et qui peut le retirer.

On aurait pu croire que l'avènement des nations démocratiques conduirait à abandonner le terme de souveraineté, tant il s'était confondu avec l'autoritarisme et l'arbitraire. Il n'en fut rien. Les révolutions démocratiques américaines, françaises et anglaises décrètent que la souveraineté est nationale et réside dans le peuple, collectif

1. Georg Jellinek, *L'État moderne et son droit*, Paris, Panthéon-Assas Éditeur, 2005.

indivisible. Ainsi que l'avait recommandé Montesquieu, elles créent un ordre institutionnel où « par la disposition des choses, le pouvoir arrête le pouvoir[1] ». Le pouvoir exécutif jadis tout puissant doit faire face au pouvoir législatif et au pouvoir judiciaire. La souveraineté, dans son acception nationale, naît avec l'intention de reprendre le pouvoir pour le contrôler, et même pour en contenir la puissance.

La naissance de la forme politique nationale n'est pas autre chose qu'une réappropriation populaire de la souveraineté. Elle est synonyme de liberté. L'Europe du XXe siècle l'a trop vite oublié en assimilant la nation au nationalisme, et le nationalisme à la guerre. Pour se construire et édifier le grand marché, elle a présenté les nations comme des entités repliées sur elles-mêmes, rétrogrades, hostiles au libéralisme et à la création d'un ordre mondial rationnel, universaliste et cosmopolite – tout en célébrant la grande nation américaine. En 1945, la nation est déclarée coupable pour mieux faciliter les échanges, en évitant l'enlisement de discussions internationales, qui sont historiquement otages d'intérêts particuliers et de lourdeur technocratique. Le rejet de la nation par les pères fondateurs de l'Europe est pragmatique. L'adresse de Jean Monnet au Comité français de la libération nationale en 1945 révèle sa pensée : « Les pays d'Europe sont trop étroits pour assurer à leurs peuples la prospérité que les conditions rendent possible et par conséquent nécessaire. Il leur faut des marchés plus larges… Cette prospérité et les développements sociaux indispensables supposent que les États d'Europe se forment en une fédération. »

Finalement, l'Europe aura inventé l'un des pires fléaux de la mondialisation : le libéralisme économique sans entraves, le secret bancaire pour les riches et les impôts pour les pauvres, la concurrence fiscale entre États. En renonçant à aligner nos législations, notamment fiscales et sociales, nous avons laissé le marché nous les dicter, au détriment de l'intérêt général. L'Europe est devenue celle des puissants plutôt que celle des peuples. Dans ce contexte, la souveraineté nationale se fait défensive. Bien

> Dans ce contexte, la souveraineté nationale se fait défensive.

1. Montesquieu, *De l'esprit des lois*, 1749.

que morcelée et contestée, elle demeure un idéal et veut se défaire des contraintes qui lui sont imposées pour contrer la puissance de tous ceux qui la menacent : l'Union européenne, l'autonomisme régional, les agences de notation et les organisations financières, les GAFA qui empiètent sur les domaines réservés du souverain. Avec le projet Libra, Facebook se voit créateur de monnaie, Amazon avec sa société Blue Origin se lance dans la conquête spatiale, Google rêve de réinventer l'aménagement des zones urbaines en développant la Smart City. La mondialisation fait place à la puissance plus qu'à la souveraineté. Nos vieilles couronnes sont décaties. L'impuissance du politique conduit les peuples à s'impatienter et à se tourner vers le « souverainisme » de figures autoritaires, Donald Trump, Jair Bolsonaro, Recep Tayyip Erdogan, Viktor Orbán, Marine Le Pen ou encore Matteo Salvini.

> Nous devons chercher à bénéficier de la puissance d'une Europe unie, sans pour autant étouffer les démocraties nationales.

Pour peser dans un monde qui ne ferait cohabiter que des grands espaces, entre la Chine et les États-Unis, on entend qu'il faudrait abandonner notre souveraineté au nom de la puissance. Les nations européennes sont jaugées à l'aune de leur taille, sans trop d'égard pour leur force de cohésion : elles sont étriquées, trop petites. Pourtant, « l'Europe puissance » ne pourra pas advenir contre les démocraties nationales. Il ne s'agit pas de renouer avec un ordre westphalien. D'ailleurs, on ne le pourrait pas. L'Europe a échoué à atteindre ses objectifs de départ, soit le dépassement de l'État-nation mais, comme le souligne Marcel Gauchet[1], « il s'est passé quelque chose », par la façon dont l'aventure européenne a redéfini les nations, leur a permis « d'affirmer leur vocation pacifique [...] avec un degré d'ouverture les uns sur les autres qui n'a jamais eu d'équivalent dans l'Histoire ». La démarche de se lier à d'autres destins pour espérer renforcer le sien propre est incompatible avec une vision jusqu'au-boutiste de la souveraineté. Toutefois, pour être acceptable, l'aménagement de la souveraineté au sein d'une Union européenne doit tenir ses promesses.

1. Marcel Gauchet, *Comprendre le malheur français*, Paris, Stock, 2016.

Elle doit améliorer la situation de chaque nation comparée à ce qu'elle serait sans elle. Elle doit aussi respecter le principe de la souveraineté nationale en dernier ressort.

Pour l'avenir, nous devons chercher à bénéficier de la puissance d'une Europe unie, sans pour autant étouffer les démocraties nationales.

Il nous faut penser un nouvel ordre institutionnel, d'abord. Il faut cesser d'opposer l'Europe et les nations, l'échelon européen et l'échelon national. Pour cela, l'Europe de demain ne devrait être ni post-nationale, ni seulement internationale. L'intérêt commun ne saurait émerger d'un dialogue purement intergouvernemental, comme celui qui a lieu au Conseil européen. Ce dialogue est souvent une superposition de monologues entre administrations qui peinent à s'émanciper des conservatismes. S'y affrontent des intérêts nationaux, plutôt que des idées politiques. L'Europe du XXIe siècle sera transnationale, c'est-à-dire capable de faire vivre un débat d'idées par-delà les frontières et les identités particulières, autour d'objectifs communs, sans organiser d'affrontements entre des institutions européennes surplombantes et des nations. La Commission européenne ne devra plus disposer du monopole de l'initiative législative et se contenter d'être un facilitateur de la coopération. Le droit européen ne pourra pas primer sur les constitutions nationales. Les pouvoirs du Conseil européen devraient être égaux à celui d'un Parlement européen renouvelé, entièrement composé de députés nationaux.

Il faut aussi penser un nouvel ordre économique. L'Europe doit être une force par lesquelles les nations protègent leur souveraineté, donc leur liberté, dans une mondialisation où voudrait s'imposer la puissance. La façon dont le marché européen a été construit pèse sur le progrès social. Pourtant, « liberté des échanges » ne rime pas forcément avec « approfondissement des inégalités ». Pour le comprendre, il faut s'intéresser aux vices originels du grand marché. L'erreur a été d'abaisser toutes les barrières aux échanges avant que les pays n'aient eu le temps de s'accorder sur des règles communes qui auraient permis de le réguler dans le sens de l'intérêt commun, en gardant la main face aux multinationales, à la finance,

> Il faut aussi penser un nouvel ordre économique.

aux particuliers qui pratiquent l'évasion et l'optimisation fiscales. Nous avons intérêt à préserver notre marché européen, car sa grande taille nous donne de la force et un levier pour réguler la mondialisation – pourvu qu'on l'utilise à dessein. En même temps, nous voulons que ce marché ne soit plus celui des puissants. Nous voulons qu'il augure un nouveau modèle de création de richesse, conforme aux intérêts du plus grand nombre et respectueux de la nature.

Exercée par un peuple, la souveraineté peut rester un idéal démocratique et émancipateur, pourvu qu'elle parvienne à maîtriser la puissance.

« Nous voulons qu'il augure un nouveau modèle de création de richesse, conforme aux intérêts du plus grand nombre et respectueux de la nature.

STATIONS DE SKI

La double tenaille du réchauffement climatique et de l'épidémie fragilise encore le modèle des stations de ski. Une illustration très forte des limites et adaptations qui régissent notre époque.

SAMUEL JEQUIER
Agrégé de sciences sociales, consultant en stratégies d'opinion

Dameuse rouillant en plein alpage, carcasses de téléskis défigurant les pentes, télésièges fossilisés, hôtels aux piscines éventrées et au bois écaillé, chalets à la charpente décomposée, gares de télécabines souillées et graffitées…[1] Les images charrient la nostalgie des lieux abandonnés, des lieux qui ont vécu mais qui ne vivent plus, et un profond sentiment de désolation. Dans nos esprits, la correspondance se fait, quasi immédiate et spontanée : la même impression

1. *Libération* a publié une remarquable photothèque de ces stations-fantômes en mars 2020 : Pierre-Alexandre Metral, « Stations de ski abandonnées : la fin de l'or blanc », *Libération*, 26 mars 2020.

d'abandon, de fin du monde que celle laissée par les photographies de Pripiat, cette ville ukrainienne située à 30 kilomètres de Tchernobyl, zone interdite depuis 1986.

Ce n'est pas une catastrophe nucléaire qui semble avoir figé pour l'éternité Saint-Honoré 1500, Céüze ou Aiguille-en-Queyras, mais une cause tout aussi anthropique : le réchauffement climatique et la fin du ruissellement de l'or blanc. La liste est désormais longue des stations de ski françaises abandonnées. Le phénomène, qui a débuté en 1970, s'est accéléré depuis une vingtaine d'années. Le géographe Pierre-Alexandre Metral, qui y a consacré sa thèse et qui a largement contribué à faire émerger le sujet, jusque-là invisible, des stations-fantômes dans le débat public, recense 128 fermetures totales ou partielles de stations de ski sur les 534 construites depuis les années 1930, soit 28 % du nombre total.

Les lieux abandonnés nous parlent et disent toujours quelque chose de nous, et sur nous. Familiaux et grand public il y a quelques années, ces territoires artificialisés et désormais laissés à la rouille et à la ferraille sont devenus des terrains de jeux de jeunes pionniers, les amateurs d'Urbex, cette nouvelle mode consistant à explorer des lieux abandonnés, fantomatiques et inquiétants pour y retrouver les frissons réels des univers virtuels des séries et jeux vidéo. Avec les éboulements qui s'accélèrent sous l'effet de la fonte du permafrost (celui de la face ouest des Drus reste à ce jour le plus célèbre et le plus spectaculaire), les collapsologues y verront sans aucun doute une énième confirmation de l'effondrement et de leurs théories de fin du monde, les moins pessimistes au moins la fin d'un monde et d'une époque, celle des années dorées de l'or blanc et du ski alpin.

> « Quand les glaciers reculent, les skis se croisent.

Si la raréfaction de la neige n'est pas la seule cause – les investissements hasardeux et les mauvais montages financiers ont également joué un rôle –, l'abandon des stations de ski est en train de devenir pour notre société un des symptômes les plus visibles et les plus évidents de la crise climatique. La température moyenne a augmenté de deux degrés dans les Alpes sur le siècle écoulé (pour un degré en moyenne sur l'ensemble de la France) et devrait encore croître de deux degrés à cinq degrés d'ici à 2100. Les modèles de Météo-France anticipent à l'horizon 2050 une réduction de la durée d'enneigement de plusieurs semaines et de l'épaisseur de neige de 10 % à 40 %, au moins jusqu'à 2000 mètres d'altitude. Quand les glaciers reculent, les skis se croisent.

En 2021, la montagne, ça ne gagne plus. La double tenaille du réchauffement climatique et de la fermeture contrainte imposée par l'épidémie de coronavirus fragilise et fait vaciller sur ses fondations le modèle de développement des stations, un modèle du « tout ski », qui apparaît de plus en plus dépassé et obsolète. Le choc est violent, peut-être autant que celui de l'or noir en 1973, met en jeu une question existentielle, celle de la survie des stations, et pousse à l'adaptation. Pour le directeur du cabinet spécialisé Protourisme, compte tenu du changement climatique et du coût de production de la neige de culture, « beaucoup de stations n'ont aucun avenir sans repositionnement[1] ». Il va donc falloir s'adapter. S'adapter au changement climatique, s'adapter aux nouvelles sensibilités environnementales et aux attentes des usagers, se diversifier dans ses activités… S'adapter, certes, mais comment ?

S'adapter, certes, mais comment ?

La question est loin d'être neutre, elle est même fondamentalement politique et engage des visions de l'avenir et du territoire radicalement différentes. S'adapter en investissant toujours plus en infrastructures (en canons en neige, en usine de neige de culture, en remontées en haute altitude, en liaisons avec d'autres domaines…) ou s'adapter en changeant de modèle, en promouvant des stations plus sobres, aux activités plus diversifiées, bien moins coûteuses économiquement et bien plus soutenables écologiquement (randonnées, raquettes, ski de fond, chiens de traîneaux, VTT…) ? Se joue, au fond, dans nos stations de ski, l'allégorie d'un débat plus large, et bien plus universel, sur notre avenir : faut-il continuer à tout crin la recherche de croissance ou, au contraire, basculer sur de nouveaux modes de consommation et de production plus économes et plus respectueux de la planète ? Certains militent pour que la crise actuelle soit une opportunité d'accélération de transition vers un modèle économique moins dépendant du ski alpin et de la saison

1. Interview à l'AFP le 18 janvier 2021.

hivernale et plus compatible avec le respect de l'environnement montagnard ; d'autres, à l'inverse, résistent et se battent « quoi qu'il en coûte » pour perpétuer le monde d'avant.

Less is More. Dans le Jura, la station de Métabief, qui culmine à 1 500 mètres, a pris ce virage et a déjà fixé un horizon pour sa transition, 2040. À cette date, les experts du climat s'accordent à dire que la neige y sera trop rare. La station investit d'ores et déjà pour se diversifier dans une multitude d'autres activités : VTT, luge, chiens de traîneaux, trail... L'offre est attractive et séduit touristes et visiteurs. Métabief a profité du *lockdown* généralisé des domaines skiables pendant les fêtes et a vu sa fréquentation progresser. Mais, le *business model* de la transition reste à trouver : si ces activités séduisent, elles créent beaucoup moins d'emplois et de recettes que le ski alpin.

> Le *business model* de la transition reste à trouver.

More is More. À l'opposé, dans l'Oisans, c'est le toujours plus qui prévaut. L'Alpe d'Huez et Les Deux-Alpes portent un projet pharaonique de liaison entre elles, une télécabine de 18 kilomètres transperçant la vallée qui les sépare, chiffré à plus de 60 millions d'euros, pour créer « le plus grand domaine skiable du monde » et espérer que les hautes altitudes (le domaine culmine à 3 600 mètres sur le glacier du Mont-de-Lans) garantissent l'enneigement et la venue des touristes, français et internationaux. Les élus des syndicats mixtes de gestion des domaines skiables et communautés de communes locaux poussent ; les habitants et les associations renâclent et résistent, dans une opposition désormais devenue classique en France. Le collectif « Non à la liaison » dénonce la dégradation de pentes vierges et préservées et le risque d'un investissement démesuré et inutile à l'heure du réchauffement climatique.

L'avenir de la montagne se constitue ainsi en objet de conflit, conflit d'usage, conflit de vision politique, de « *Weltanschauung* », dirait Weber. Et le débat politise désormais les alpages. À La Clusaz, un collectif d'habitants milite contre le « tout ski » (la création de nouvelles remontées et une liaison avec le Grand-Bornand) et la future construction d'un Club Med, au nom de l'impact environnemental et de la nécessaire adaptation à un moindre enneigement. S'engageant pour « un avenir désirable dans un environnement sain et préservé », ce collectif a présenté une liste aux dernières élections municipales, mettant pour la première fois ce débat au cœur de l'offre politique locale. La liste ADN (Avenir démocratie nature) a perdu mais elle a quand même réuni près de 40 % des suffrages dans une commune habituée depuis des décennies à une seule liste apolitique. Elle a peut-être gagné la bataille des idées : la communauté de communes vient de renoncer cet été au projet de Club Med. Comme un symbole de l'air du temps, un documentaire de 26 minutes, *Avenir*, a été consacré à cette aventure politique et a été présenté lors de la Journée mondiale du climat, le 8 décembre dernier.

> Dans la recherche de signaux faibles ou forts pour comprendre notre société, il faut aujourd'hui regarder vers les sommets.

Dans la recherche de signaux faibles ou forts pour comprendre notre société, il faut aujourd'hui regarder vers les sommets. La montagne est au cœur des problématiques d'adaptation engendrées par le réchauffement climatique. Après Notre-Dame-des-Landes, Roybon ou Bure, la montagne est également un nouveau terrain d'irruption du citoyen comme acteur territorial, prouvant une fois de plus qu'au XXIe siècle le territoire ne peut plus être un concept physique pensé par quelques aménageurs et décideurs en chambre mais avant tout comme un espace construit, façonné, personnalisé et négocié par ceux qui y vivent et ceux qui y passent. Elle devient, enfin, un objet de cristallisation politique des enjeux de transitions et de changements de modèle, avec des conflits grandissants sur la valorisation et l'appropriation de son territoire. « Le territoire est une œuvre humaine. Il est un espace approprié. Approprié se lit dans les deux sens : propre à soi et propre à quelque chose », écrit le géographe Roger Brunet[1]. Une définition pour poser la question au cœur du débat sur les stations de ski : à quoi finalement ces territoires montagnards sont-ils aujourd'hui les plus appropriés pour nous bâtir un futur désirable ?

1. Roger Brunet, *Mondes nouveaux*, Paris, Belin, 2000.

STOCKS

Le temps du Covid-19 a remis la question des stocks, par opposition à celle des flux, au cœur des enjeux politiques. De défauts (les masques) aux excès (alimentaires) en passant par les nouveaux (données), les stocks deviennent un symptôme politique et économique remarquable, invitant à repenser ce que nous accumulons, ou pas.

GILLES FINCHELSTEIN
Directeur général de la Fondation Jean-Jaurès

Du flux, du flux, du flux, tel était le crédo dominant. Pour les entreprises, une règle à suivre : zéro délai, zéro défaut et zéro stock. Pour écouter de la musique, une pratique à adopter : pour le prix d'acquisition d'un seul album, s'abonner à un site de streaming et à son offre infinie… Pour se déplacer, un usage à partager : louer qui une auto, qui un vélo, qui une trottinette plutôt que de devenir propriétaire du même bien trop souvent inusité. Pour interpréter un sondage, une méthode à développer : attirer l'attention en mettant en exergue la tendance – quand bien même les évolutions ne seraient-elles que marginales – plutôt qu'analyser le niveau – quand bien même celui-ci serait-il plus instructif. Zygmunt Bauman a écrit un essai dont le titre symbolise à lui seul ce moment : *La Vie liquide*[1].

Face au flux, le stock sentait bon le rétro, l'archéo, l'encaustique d'antan. On se souvenait peut-être d'une maison d'édition au nom éponyme, d'un album de Tintin, *Coke en stock*, d'une boîte de production, Doc en stock, mais il ne s'agissait là que de souvenirs. Il n'y avait plus guère que la mode du bodybuilding sous ses différentes formes pour réhabiliter le mot mais c'était sous le registre non de l'avoir mais de l'être : il ne s'agissait plus d'avoir un stock – à moins qu'il ne s'agisse de stock-options – mais d'être *stoc*, c'est-à-dire d'être musclé[2].

Face au flux, le stock sentait bon le rétro, l'archéo, l'encaustique d'antan.

LES STOCKS AU TEMPS DU COVID-19

C'est alors qu'il s'est passé quelque chose à Wuhan. Un virus a déclenché une épidémie. Une épidémie est devenue une pandémie. Et le temps du Covid-19 a été celui du retour de la question des stocks.

Il y avait les « défauts de stocks ». Il y a eu ces masques dont on avait considéré qu'il était peu rationnel de les stocker – au risque de ne jamais les utiliser jusqu'à leur péremption – plutôt que d'en passer commande au fur et à mesure des besoins – le flux, encore et toujours. L'argument pouvait se défendre. Il avait juste une faiblesse : ne pas penser l'impensable, c'est-à-dire une demande si massive et si simultanée qu'elle devenait impossible à satisfaire – et d'autant plus impossible à satisfaire que l'essentiel de la production était centralisé dans un seul pays, la Chine, voire dans une seule région, Wuhan, comme par une ironie du sort précisément le centre de la pandémie, d'où provenaient 50 % des masques fabriqués dans le monde avant la pandémie.

1. Zygmunt Bauman, *La Vie liquide*, Paris, Fayard/Pluriel, 2013.
2. « Stoc » est un dérivé de « mastoc », « stocma » en verlan dont « stoc » est le diminutif.

On a alors reparlé des stocks et on les a même qualifiés de « stratégiques ». Au-delà des masques, il y a eu aussi ces blouses, ces sur-blouses, ces principes actifs de médicaments dont les stocks, là encore, faisaient défaut.

Symétriquement, il y avait aussi, au même moment, les « excès de stocks ». Dans les services, notamment dans les restaurants ou dans les magasins, ces stocks brutalement sans objet lorsque, en l'espace de quelques heures, la France fut confinée puis reconfinée. Dans l'industrie, et au premier chef dans le secteur automobile, ces stocks de véhicules qui ne pouvaient être vendus faute de lieu où les essayer et les acheter, qui s'amoncelaient sur des parkings géants et perdaient dans la foulée une partie de leur valeur – les véhicules sont millésimés... Dans l'énergie, pis encore, on a vu pendant quelques heures un marché, celui du pétrole, devenir fou, le prix du baril baissant jusqu'à devenir négatif, notamment par crainte qu'il n'y ait plus nulle part de lieux où le stocker.

Enfin, selon l'angle de vue que l'on privilégie, il y a eu à la fois des défauts et des excès de stocks – rappelons-nous cette expérience communément partagée de l'expédition dans les grandes surfaces et de ces rayons entiers de pates, de lingettes ou de papier toilette désespérément vides. Les stocks, encore et à nouveau !

Selon l'angle de vue que l'on privilégie, il y a eu à la fois des défauts et des excès de stocks.

LES STOCKS, AU-DELÀ DU COVID-19

Nous sommes face à des transitions d'une rapidité et d'une ampleur sans doute sans précédent. Et l'une des caractéristiques transversales à ces transitions est de mettre en jeu de plus en plus des stocks.

Premier exemple : les stocks et le climat

Le débat public sur le réchauffement climatique se structure pour l'essentiel autour d'objectifs d'évolutions. Limiter l'évolution de la température moyenne sur la planète à +1,5 degré à la fin du siècle par rapport à l'ère pré-industrielle – telle était l'ambition sur laquelle se sont engagés les signataires de la COP21. Réduire les émissions de CO_2 d'un certain pourcentage à un certain horizon – moins 55 % d'ici à 2040 pour l'Union européenne selon les objectifs fixés par la Commission européenne à la fin de l'année 2020.

> Il faudrait en réalité penser en termes de stocks, c'est-à-dire de concentration de CO2 dans notre atmosphère.

Pour prendre l'exacte mesure du défi que nous devons relever pour atteindre ces objectifs, il faudrait en réalité penser en termes de stocks, c'est-à-dire de concentration de CO_2 dans notre atmosphère. Cette concentration est aujourd'hui, selon une étude parue dans *Science* en avril 2019, de 412 ppm[1]. La dernière fois qu'elle était au-dessus des 400 ppm, c'était il y a 3 millions d'années, à l'ère du Pliocène, quand la température était de deux degrés à trois degrés plus élevée qu'aujourd'hui et que le niveau de la mer était supérieur de dix à vingt mètres au niveau actuel.

Les scientifiques estiment, pour préserver la viabilité de la planète, qu'il faudrait repasser sous le seuil de 350 ppm dans l'atmosphère. Les prévisions estiment qu'à ce rythme, le taux de ppm moyen dans l'atmosphère atteindra les 450 d'ici à 2030.

C'est dire l'ampleur des changements de nos modes de vie, de nos modes de production, de nos modes de consommation auxquels nous devons procéder. C'est pourquoi aussi, de plus en plus, l'objectif que se fixent les États, les communes, les entreprises est la neutralité carbone – afin de ne pas augmenter le stock de carbone dans l'atmosphère.

1. Matteo Willeit *et al.*, « Mid-Pleistocene transition in glacial cycles explained by declining CO_2 and regolith removal », *Science Advances*, 3 avril 2019. Le ppm – parties par million – permet de savoir combien de molécules de polluant on trouve sur un million de molécules d'air.

Deuxième exemple : les stocks et la démographie

Depuis deux siècles à peine, l'histoire de la population mondiale est vraiment une histoire de flux – la population mondiale était toujours restée inférieure à un milliard jusqu'au XIXe siècle. L'espérance de vie a augmenté, moins parce que l'on vit plus vieux que parce que l'on meurt moins enfant. Et l'on a assisté à un accroissement de la population mondiale sans précédent dans l'histoire de l'humanité : de 2,6 milliards en 1950, elle a augmenté à 5 milliards en 1987, à 6 milliards en 1999, à 7 milliards en 2011.

Nous entrons dans une période où l'angle de vue va peut-être changer et où, là aussi, il va falloir penser en termes de stocks – même si le mot, s'agissant des êtres humains, n'est pas le plus approprié.

C'est vrai globalement dans la mesure où, selon les prévisions de l'IHME (Institute for Health Metrics and Evaluation), la population mondiale va stagner à partir du milieu de ce siècle – retrouvant une tendance séculaire. Ce sont dès lors des questions de gestion de stocks qui vont se poser, d'autant plus qu'elles devront être traitées en cohérence avec la question environnementale : Comment nourrir 9 milliards d'individus, qui ne pourront pas consommer notamment la quantité de viande que les Occidentaux consomment aujourd'hui ? Comment répartir ces 9 milliards d'individus, dont plusieurs centaines de millions devront être déplacés du fait de la montée des eaux ou de la progression des températures ?

« Ce sont dès lors des questions de gestion de stocks qui vont se poser, d'autant plus qu'elles devront être traitées en cohérence avec la question environnementale.

C'est vrai de manière plus spécifique de deux catégories : les personnes âgées et les femmes. Dans les pays développés, le nombre de personnes âgées, et davantage encore celui des personnes très âgées va augmenter : il est ainsi acquis, pour un pays comme la France, que la quantité des plus de quatre-vingts ans va doubler d'ici à 2080 pour atteindre 18 % de la population totale. Dans les pays asiatiques, à l'inverse, le nombre de femmes est tendanciellement insuffisant par rapport au nombre d'hommes : il « manque » ainsi sans doute plus de 100 millions de femmes en Asie.

Troisième exemple : les stocks et le numérique

Ces vingt dernières années, le premier enjeu de la révolution numérique a touché les flux : les microprocesseurs devaient être plus rapides et les débits plus puissants – et l'on est ainsi passé, entre 1982 et 2020, de la 2G à la 5G.

Là encore, il va falloir penser autrement et revenir à la question des stocks, notamment en raison de la masse de données que nous accumulons déraisonnablement. IBM en apporte une illustration en avançant sur son site Internet que 90 % des données mondiales auraient été créées au cours des deux dernières années (bien que ces dernières ne soient pas précisées). Cette accumulation pose des problèmes environnementaux – ainsi, la consommation d'électricité des *data centers* représenterait pas loin de 20 % de la consommation totale du secteur du numérique. Elle pose des problèmes éthiques – le droit à l'oubli, malgré quelques progrès récents, reste largement hypothétique. Elle pose des problèmes pour les historiens – un excès de sources est aussi problématique qu'un défaut de sources.

Reste une dernière question : quel peut être le sens politique de ce retour des stocks ? On peut être tenté d'y voir un problème pour la gauche qui, par nature, devrait être toujours du côté du mouvement – et donc du flux. En réalité, il s'agit plutôt d'un utile retour aux sources. C'est dans l'accumulation du capital, de la croissance, des données que se créent encore aujourd'hui les inégalités les plus fortes. Il est donc urgent de penser à nouveau les stocks !

> Quel peut être le sens politique de ce retour des stocks ?

SYSTÈME TECHNICIEN

Auteur visionnaire des impasses de nos sociétés où l'homme a non seulement fait toute sa place à la technique, mais l'a surtout sacralisée sans s'en rendre compte, Jacques Ellul a posé les bases d'une critique technicienne qui, appliquée au numérique, a beaucoup à nous apprendre.

QUENTIN LAURENS

Cadre dirigeant d'une entreprise française d'écologie numérique

Né en 1912 et mort en 1994, Jacques Ellul était un sociologue, philosophe et théologien. Deux grands axes fondent son œuvre : la foi, la religion, d'une part, la société et le rôle de la technique, d'autre part. Pessimiste et oiseau de mauvais augure pour les uns, visionnaire génial et préfigurateur des grands combats de notre siècle pour les autres, Jacques Ellul s'est attaché à montrer le rôle prépondérant de la technique dans nos vies, ses limites et son influence sur nos libertés.

Pour Jacques Ellul, « partout où il y a recherche et application de moyens nouveaux en fonction du critère d'efficacité, on peut dire qu'il y a technique[1] ». Si le terme de « technologie » nous semble peut-être plus contemporain, Jacques Ellul balaie celui-ci, le considérant comme « une mode langagière[2] ». Dans nos sociétés techniciennes, seules la performance et l'efficacité sont les étalons du progrès.

Alors que nos organisations semblent avoir laissé le numérique s'immiscer dans les moindres recoins de nos vies, la critique technicienne de Jacques Ellul résonne tout particulièrement. Empreinte environnementale, recul des libertés, fuite en avant vers le « progrès technologique » : et si Ellul avait tout anticipé ?

L'AMBIVALENCE DE LA TECHNIQUE : POUR LE MEILLEUR ET POUR LE PIRE

Pour Jacques Ellul, la technique n'est ni bonne ni mauvaise par essence. Toutefois, penser qu'elle est vertueuse ou non suivant l'usage que l'on en fait est une erreur. La technique doit être considérée dans son entièreté, dans ce qu'elle a de meilleur comme dans ce qu'elle a de pire. On ne pourrait donc dissocier le côté pile du côté face de la pièce : qui veut les bienfaits du progrès technique doit, dans le même temps, en accepter les implications négatives. Jacques Ellul parle d'unicité et d'ambivalence de la technique, qu'il illustre avec l'atome et le nucléaire. Au numérique également s'applique cette exigence biface. S'il permet, bien sûr, d'accélérer la recherche, de simplifier nos communications, de libérer les accès aux contenus culturels, le numérique génère des effets néfastes qu'il s'agit tout autant de prendre en

> « Empreinte environnementale, recul des libertés, fuite en avant vers le « progrès technologique » : et si Ellul avait tout anticipé ?

1. Jacques Ellul, *Le Système technicien*, Paris, Le Cherche midi, 2012.
2. Patrick Chastenet, *Introduction à Jacques Ellul*, Paris, La Découverte, 2019, p. 21.

considération : dépendance, troubles cognitifs et troubles de l'attention, pollution numérique, etc. Le phénomène doit être traité dans sa globalité.

L'ILLUSION DU VIRTUEL OU L'« ARTIFICIALITÉ » DU NUMÉRIQUE

Habitude a été prise d'accoler aux pratiques numériques – avec beaucoup d'inventivité souvent – des qualificatifs qui biaisent notre conscience et détournent notre attention. « Virtuel », « dématérialisé », « à distance » sont les arbres sémantiques qui cachent la forêt matérielle du numérique. Sommet de l'illusion, le concept marketing du *cloud*, ce prétendu nuage virtuel et évanescent, pourtant, dissimule la matérialité de nos usages numériques. Car, pour chacune de nos pratiques courantes – mails, vidéos, stockage, images et sites Internet –, des ressources naturelles sont consommées, de l'énergie dépensée, des mines creusées. La pollution numérique est une grande chaîne aux maillons dispersés sur la planète : extraction des minerais et métaux rares en Asie, Amérique du Sud, Afrique; fabrication des terminaux; activité des data-centers (entre 1 % et 3 % de la consommation électrique mondiale); réseaux électriques, fibres et recyclage du matériel. Cette consommation numérique décomplexée est d'autant plus confortable qu'elle délocalise sa pollution, dans la plus grande indifférence, au pire, suffisamment loin pour que l'on s'en dédouane, au mieux. Le numérique et sa virtualité fallacieuse causent donc des dégradations directes sur l'environnement. Jacques Ellul, précurseur de la pensée écologiste, avait attribué à la technique une caractéristique latente ici : l'artificialité.

LA SPIRALE ET LE VERTIGE TECHNICIENS

« Ce qui peut être fait techniquement le sera nécessairement. » Cette « loi de Gabor », du nom du physicien hongrois, Prix Nobel de physique en 1971, nous avertit que nous sommes inévitablement condamnés à accepter et à subir ce que la technique permet ou permettra demain. Ce qui est possible techniquement adviendra tôt ou tard.

Jacques Ellul fait sien ce principe et le raccroche à une autre caractéristique qu'il donne à la technique : l'automatisme. Puisque la technique s'impose sur des critères de performance et d'efficacité, l'homme, en l'utilisant, adopte ces mêmes critères. Ainsi, l'homme, dépossédé de son véritable choix, renonce à un pan de sa liberté. La question peut être transposée au numérique : avons-nous seulement le choix ? Avons-nous le choix, pour vivre, travailler, être intégrés, de renoncer aux smartphones, aux ordinateurs et à Internet ? Celui qui s'en passe conserve sa liberté peut-être, mais se met en marge d'un monde numériquement uniformisé, qui intègre ou qui exclut. La technique comme le numérique sont devenus automatiques, ils s'imposent comme des évidences et privent de fait l'homme de sa liberté de choisir. Pire encore, nous croyons avoir le choix.

> « Ainsi, l'homme, dépossédé de son véritable choix, renonce à un pan de sa liberté.

L'AUTONOMIE DE LA TECHNIQUE : L'HOMME CONDAMNÉ À RENDRE SA LIBERTÉ ?

Ne nous sentons-nous pas parfois esclaves du numérique ? Les exemples, mis bout à bout, sont alarmants et dévoilent notre dépendance, notre aliénation. N'avons-nous pas déjà renoncé à notre liberté dès lors que nous nous soumettons aux alertes intempestives du téléphone, aux jeux vidéos, aux séries sur des plateformes monopolistiques, au GPS pour nos déplacements, au flot incessant de mails et d'informations ? Pour Jacques Ellul, la technique est un mouvement autonome, indépendant d'autres facteurs, de la politique, de l'économie, des loisirs : une lame de fond qui transcende nos sociétés et devant laquelle l'homme aurait rendu les armes de sa liberté. Autoréalisatrice, la technique s'imposerait alors « par la force des choses[1] » comme une obligation : l'homme, qui avait fait de l'outil le prolongement de sa main, se trouve désormais soumis devant lui. Qu'avons-nous pu faire face aux GAFAM, entreprises privées qui ont façonné

1. Jacques Ellul, *Le Bluff technologique*, Paris, Hachette, 1988, p. 128.

notre quotidien, nos loisirs, nos interactions et nos modes de travail ? Nul ne prévoit que nous fassions marche arrière. Le *machine learning* et l'intelligence artificielle sont promis à devenir les piliers de nos économies. La sémantique est riche, elle ne cache plus la tendance : conforter encore davantage l'autonomie de la technique, l'autonomie du numérique, sans l'homme.

L'AUTO-ACCROISSEMENT : LA PROMESSE DE L'INFINI

Jacques Ellul attribue à la technique une caractéristique supplémentaire, que nous vérifions chaque jour dans le monde numérique : l'auto-accroissement. Pour lui, la technique s'étoffe imperceptiblement et machinalement, sans possibilité d'interruption. Nous voici « dépendants au sentier[1] », l'ensemble des progrès passés et accumulés déterminent le sens de l'avenir. C'est certainement ici que la critique ellulienne trouve sa plus grande résonance avec le numérique, qui semble engagé dans une course effrénée et incontrôlée vers la nouveauté, l'accroissement et le perfectionnement. Les débats brûlants sur l'arrivée de la 5G en sont une illustration. Ici, le progrès engendre des avancées technologiques sans même que les bénéfices ne soient manifestes ou qu'un besoin particulier ne s'en trouve satisfait.

À l'image des smartphones ou des processeurs informatiques, la course vers davantage de performance, de vitesse, de miniaturisation est lancée, sans que nous soyons en mesure d'apercevoir une quelconque ligne d'arrivée. Existe-t-il, d'ailleurs, une fin au progrès technologique ? Dans l'informatique et le numérique, le carburant de cette course sans fin est l'effet rebond, selon lequel tout progrès technologique apportera une plus-value, mais sera tôt ou tard rattrapé par les usages qu'en feront les utilisateurs. L'effet rebond est accéléré par l'obsolescence programmée, l'irréparabilité, les applications, logiciels et sites obèses, toujours plus gourmands en puissance et en énergie.

---

1. La dépendance au sentier (*path dependence*) est une notion qui souligne le poids des choix passés sur les décisions présentes et à venir. La notion a d'abord été utilisée en économie par Paul David avant d'être reprise plus largement dans le champ des sciences sociales, introduite par Paul Pierson. On parle aussi du poids de l'habitude.

Dans cette fuite en avant, la technique s'auto-accroît sans arrêt, mais à quoi bon, au juste, et jusqu'où ?

Ellul parle de « système technicien », qu'il décrit comme « un ensemble d'éléments en relation les uns avec les autres de telle façon que toute évolution de l'un provoque une évolution de l'ensemble, toute modification de l'ensemble se répercutant sur chaque élément[1] ». Ainsi, selon lui, les effets d'une avancée technique dans un domaine auront des répercussions multiples. Effet cascade, effet papillon, Jacques Ellul parle, lui, d'« effet d'entraînement de la technique ». L'approche systémique de Jacques Ellul lui fait d'ailleurs considérer la technique comme le nouveau facteur déterminant de la pensée marxiste adaptée au XXe siècle.

L'HOMME ET L'*OUROBOROS* TECHNICIEN

Jacques Ellul décrit donc une société où l'homme a non seulement fait toute sa place à la technique, mais l'a adoptée au point de la subir sans même s'en rendre compte. En l'épousant, il l'a même sacralisée. Jacques Ellul, il y a près de soixante ans, alertait déjà sur les dangers du progrès technique, qui créerait des problèmes plus vastes que ceux qu'il prétend résoudre. Si l'on en croit Jacques Ellul, aujourd'hui, les partisans de la sacro-sainte « Tech for Good » ou de l'oxymorique « croissance verte » ressemblent vraiment à des pompiers pyromanes.

Le visionnaire Jacques Ellul avait posé au siècle dernier les bases d'une critique technicienne, dont les caractéristiques, appliquées au numérique, semblent aujourd'hui encore montrer leur justesse. Automatisme, auto-accroissement, artificialité, entraînement, la technique ressemble à un *ouroboros* : le serpent du progrès se mord la queue. Chaque jour, nous le nourrissons et le regardons béatement s'étouffer, ou nous étouffer.

> La technique ressemble à un *ouroboros* : le serpent du progrès se mord la queue.

1. Ludwig van Bertalanffy, *Théorie générale des systèmes*, Paris, Dunod, 1973.

TOUSANTICOVID

L'application lancée au même moment que la mise sur orbite de la loi « Sécurité globale » consacre l'ère de la « technopolice » et de notre soumission à l'emprise du système technique de l'hypercapitalisme. Une version à peine édulcorée du *Swibble* de l'auteur de science-fiction Philip K. Dick.

ARIEL KYROU

Directeur éditorial du Laboratoire des solidarités de la Fondation Cognacq-Jay et de son site solidarum.org et membre du collectif de rédaction de la revue *Multitudes*; auteur de *Dans les imaginaires du futur. Entre fins du monde, IA, virus et exploration spatiale* (ActuSF, 2020)

TousAntiCovid est né le 22 octobre 2020, huit jours avant le deuxième confinement. Ou plutôt, non, à cette date de l'automne, l'application s'est contentée de troquer son ancien patronyme, StopCovid, assez neutre car centré sur le principe d'une barrière à opposer au virus, contre une appellation impliquant directement la responsabilité de tous les moutons du troupeau, chacun mis en demeure de casser le fil de la contagion. Pour mémoire, la chose numérique avait été lancée de façon quelque peu ridicule par le gouvernement français le 2 juin alors que la pandémie semblait décroître fortement suite au premier et beaucoup plus radical confinement. TousAntiCovid a certes ajouté une ou deux petites fonctionnalités à StopCovid, comme l'ajout de chiffres régulièrement mis à jour sur la lutte contre l'ennemi viral. Mais, pour l'essentiel, l'utilité première d'abord, ensuite la mécanique de précaution se voulant « anonyme » ou encore ce look très infantilisant avec des personnages de bande dessinée bas de gamme aux visages impersonnels sans yeux ni nez, les deux applications sont bel et bien les mêmes. L'outil de recherche de contacts potentiellement contaminés comptait sous son premier nom moins de 3 millions d'adeptes à la mi-octobre. Suite à une immense compagne de communication, il revendiquait 10 millions de téléchargements début décembre, un peu plus d'un mois après avoir été rebaptisé.

UNE APPLICATION SYMBOLE DU DEVENIR CHINOIS DE NOTRE DÉMOCRATIE

TousAntiCovid ? Ne se cache-t-il pas, dans ce nom interpellant, quelque réminiscence du « tous anticommunistes » du maccarthysme, cette chasse aux sorcières menée par le sénateur Joseph McCarthy dans la première moitié des années 1950 pour éradiquer les États-Unis de la « peste rouge » ? Même si la pandémie de Covid-19 et son origine interrogent nos relations maladives avec notre planète, aveugles aux interactions avec les multiples puissances d'agir de la Terre[1], un coronavirus n'est certes pas comparable à un agent de l'URSS. Sauf que derrière l'injonction de TousAntiCovid se cache de façon à peine voilée la mise au ban de la société de l'humain qui ne respecterait pas les « gestes barrière », comme l'était hier en Amérique le militant ou sympathisant communiste, ennemi supposé de sa « démocratie ». Qu'il s'agisse de combattre la « peste

« Derrière l'injonction de TousAntiCovid se cache de façon à peine voilée la mise au ban de la société de l'humain qui ne respecterait pas les « gestes barrière ».

1. Bruno Latour, *Où suis-je? Leçons du confinement à l'usage des terrestres*, Paris, La Découverte, coll. « Les Empêcheurs de penser en rond », 2021.

rouge » ou la pandémie de Covid-19, les pouvoirs politiques agitent une même peur, certes moins hypothétique dans le second cas, pour justifier des mesures de protection drastiques, voire d'un nettoyage total sous son autorité surplombante. Soyez tous et toutes Monsieur Propre ou Madame Eau de Javel, munis de votre application d'hygiène sanitaire et mentale. Comme si, portés par les injonctions d'une novlangue dont TousAntiCovid serait l'archétype, au rythme d'expressions comme « gestes barrière », « confinement », « couvre-feu », « cas contact », « traçage » ou « distanciation sociale », nous entrions peu à peu dans un nouveau pays inspiré de la dictature hypercapitaliste chinoise, contrée que la philosophe Barbara Stiegler nomme la Pandémie – avec majuscule[1].

> Un nouveau pays inspiré de la dictature hypercapitaliste chinoise, contrée que la philosophe Barbara Stiegler nomme la Pandémie – avec majuscule.

D'un certain point de vue, pourtant, nous devrions être rassurés. Déclinée au féminin ou au masculin, le Covid-19 n'est pas un leurre. Cette maladie tue effectivement les plus vulnérables, les personnes très âgées, obèses ou dont les défenses immunitaires sont d'ores et déjà affaiblies. L'application conçue en France pour lui faire barrage ne récolte pas, quant à elle, les données de géolocalisation des utilisateurs, comme le faisait à l'inverse sa petite sœur norvégienne Smittestopp (« Stop aux infections »), suspendue après deux mois de service à la mi-juin 2020, car jugée beaucoup trop intrusive. Non, TousAntiCovid n'utilise que le système de communication à courte distance entre appareils numériques Bluetooth. Censé ne garder les données recueillies et « anonymisées » que deux semaines sur un serveur centralisé, il a obtenu un avis favorable de la Commission nationale de l'informatique et des libertés (CNIL) sous son ancienne identité de StopCovid. Enfin, et surtout, son usage n'est pas obligatoire, comme l'est au contraire Alipay Health Code en Chine, dont le gouvernement a organisé la remontée et le traitement des données pour pouvoir assigner à chaque citoyen une couleur de risque (vert, rouge, etc.)

1. Barbara Stiegler, *De la démocratie en Pandémie. Santé, recherche, éducation*, Paris, Gallimard, coll. « Tracts », n° 23, janvier 2021.

et permettre à tous d'en être informés. En termes de surveillance de masse, nous n'en sommes pas tout à fait là.

D'où viennent dès lors notre gêne et notre sentiment tenace d'un déni de démocratie? Après tout, presque un quart de nos compatriotes, dont une majorité d'anciens, n'ont pas de smartphone connecté en 3G, 4G ou 5G[1]. Et personne n'est littéralement contraint, par des technocrates en cravate, de télécharger l'application. Sauf que nous y sommes très fortement poussés, selon des méthodes de l'ordre de ce qu'on appelle en marketing le *nudge*, traduisible par « coup de coude » ou « coup de pouce ». Pour nous culpabiliser d'ignorer TousAntiCovid, le *nudge* prend la forme d'un dispositif de pression sociale, d'influence sournoise de nos comportements, d'incitations à l'usage aussi permanentes que bienveillantes *via* la litanie de sermons, de conseils, d'alertes et de chiffres déversée en continu par nos institutions et diverses organisations, les médias et leurs doctes intervenants. Un Michel-Édouard Leclerc, déclarant en décembre sur LCI qu'il ne serait pas contre l'idée de rendre obligatoire TousAntiCovid pour faire ses courses, ou un Jean-François Delfraissy, infectiologue et président du conseil scientifique, clamant la nécessité d'imposer la vigie logicielle aux clients des restaurants, sont certes rabroués par les garants du droit, mais tels de bons apôtres ayant Dieu de leur côté, juste un peu trop exaltés par la bonne cause. Pour preuve : le projet de hiérarques de Matignon, dévoilé par la chaîne LCI à la mi-février 2021, d'imposer l'appli mobile de traque de contacts aux bars, restaurants et salles de sport quand ces lieux auront rouvert, grâce à une nouvelle fonctionnalité de QR code, code-barres en deux dimensions que les chalands devraient systématiquement scanner à leur entrée. Avec dans les grands restaurants, ô surprise du chef, une couleur d'alerte orange ou rouge en fonction du nombre de personnes « positives », fleurant bon son hygiénisme chinois.

« D'où viennent dès lors notre gêne et notre sentiment tenace d'un déni de démocratie ?

1. Selon le « Baromètre du numérique » de décembre 2019, publié par l'Autorité de régulation des communications électroniques, des postes et de la distribution de la presse (ARCEP), « 77% des Français possèdent un smartphone ».

BIENVENUE DANS UN MONDE DE *SMALL BROTHERS*

Cette symbolique a l'incongruité d'associer l'oukase sanitaire au leurre de la perfection numérique. Comme si l'être humain était assimilable à son smartphone et que la technologie Bluetooth, imprécise, était infaillible. Or, il suffit, par exemple, de rester cinq minutes à moins d'un mètre d'un cas contact, dos-à-dos et séparé de l'autre par une paroi dans le métro, donc sans risque, pour devenir à son tour un contaminé potentiel. Sur un autre registre, une étude de l'université d'Oxford a montré que, pour être totalement efficace dans la lutte contre le virus, ce type d'appli d'information et de repérage par chacun des personnes atteintes ou non dans son environnement proche devrait être utilisée à l'idéal par 60 % de la population d'un pays[1] – loin du score de l'ordre d'une personne sur six revendiqué par le gouvernement.

> Cette symbolique a l'incongruité d'associer l'oukase sanitaire au leurre de la perfection numérique.

De fait, même avec une plus forte contrainte d'usage d'un tel outil numérique, un état d'esprit censément plus « responsable » et une quarantaine de deux semaines pour les cas contacts ou simples visiteurs étrangers, ni le Vietnam ni la Corée du Sud n'ont pu éviter la troisième vague virale, entre fin 2020 et tout début 2021. En revanche, les nostalgiques de *Big Brother* et les *Small Brothers* en herbe ont désormais de quoi se réjouir : suite aux appels du ministère de l'Intérieur et de la Sécurité de Corée du Sud pour que chaque bon citoyen signale les violations des règles sanitaires par des ouailles moins scrupuleuses, le nombre de délations relatives au Covid-19 a dépassé les trente et un mille en décembre dernier sur l'application Safety Report, créée à

1. Publiée à la mi-avril 2020 par le Nuffield Department of Medecine de l'université d'Oxford, au Royaume-Uni, l'étude disait : « Notre modèle montre que nous pouvons arrêter la maladie si approximativement 60 % de la population utilise l'application », ajoutant que le « *contact tracing* » pouvait néanmoins être utile à des taux inférieurs d'utilisation.

l'origine pour permettre aux gens de signaler toute situation susceptible de mettre une vie en danger[1].

DANS LES IMAGINAIRES DE LA CONTAGION ET DU TOUT-NUMÉRIQUE

Les chantres du tout-numérique sanitaire devraient, sous ce regard, voir et méditer le message du film *Contagion* de Steven Soderbergh, qui imagine dès 2011 une épidémie de coronavirus terriblement proche de la nôtre, mais en accéléré. Au-delà des masques et des procédures de distanciation sociale qu'il anticipe, le long métrage montre, en effet, à quel point la contagion la plus délétère ne vient pas de ce composé d'ARN et d'ADN qu'est le virus, mais de l'humain. Cette peste-là, qui suscite les réactions de panique à cause de la désinformation, des théories du complot ou de la peur de l'étranger – et qui crée également dans notre réel une fièvre délatrice –, s'incarne dans le personnage d'un journaliste blogueur, caïd des réseaux sociaux joué par Jude Law[2]. Dans une urgence sanitaire comme celle que nous vivons encore en 2021, ce film nous présente un miroir de nos espoirs et de nos désespoirs, de notre lâcheté ou de notre courage, face à une catastrophe qui nous dessille les yeux sur nos fragilités et notre aveuglement si humains.

Le logiciel de recherche de contacts n'est pas mis en scène dans *Contagion*, mais qu'importe : l'ignominie du champion des réseaux sociaux nous raconte à quel point des dispositifs comme TousAntiCovid induisent une défiance entre les êtres. Au-delà de son caractère centralisé, qui rend inenvisageable son interopérabilité avec ses équivalents européens, l'application d'autocontrôle social pose comme préalable le principe que l'autre, à côté de moi, se contrefoutrait de mon sort. C'est pourquoi

> L'ignominie du champion des réseaux sociaux nous raconte à quel point des dispositifs comme TousAntiCovid induisent une défiance entre les êtres.

1. « En Corée du Sud, le gouvernement encourage la délation », *Courrier international*, 6 janvier 2021.
2. Ariel Kyrou, *Dans les imaginaires du futur*, Paris, ActuSF, 2020, pp. 125-132.

elle alimente des angoisses souvent sans fondement et séduit les gens déjà plutôt paranoïaques qui seraient, avec ou sans elle, d'une terrible prudence. L'outil incarne une société du repli sur soi et de l'acceptation béate de toute parole venue d'en haut.

De fait, nos pouvoirs politiques s'avèrent d'une indigence crasse en matière d'analyse des dimensions imaginaires de leurs propres dérives. Ils ne peuvent percevoir à quel point TousAntiCovid, lancé au même moment que la mise sur orbite de la loi « Sécurité globale » qui consacre l'ère de la « technopolice » et de ses drones de surveillance[1], pourrait être une version parmi d'autres, à peine édulcorée, du *Swibble* de l'auteur de science-fiction Philip K. Dick. Il s'agit d'un objet technologique omniprésent qui, dans une nouvelle d'il y a deux tiers de siècle, « Visite d'entretien », accompagne chacun de nos gestes au quotidien, métaphore avant l'heure de notre soumission à l'emprise du système technique de l'hypercapitalisme. TousAntiCovid, en effet, a comme un air de famille avec ce *Swibble* qui transforme le « problème sociologique fondamental qui est la loyauté » envers l'idéologie dominante « en simple problème soluble par la technologie – une simple question d'entretien et de réparation »[2].

Nos pouvoirs politiques s'avèrent d'une indigence crasse en matière d'analyse des dimensions imaginaires de leurs propres dérives.

1. « La technopolice, moteur de la "sécurité globale" », La Quadrature du Net, 19 novembre 2020.
2. Philip K. Dick, « Visite d'entretien » (1955), dans *Nouvelles, 1953-1963*, Paris, Denoël, coll. « Présences », 1997, pp. 268-291.

UNIVERSALISME

Comment repenser un universalisme capable de relever le défi climatique et de construire un projet de société qui nous rassemble ? En puisant d'abord dans l'héritage des Lumières des principes fondamentaux qu'il est nécessaire de réaffirmer et en contestant en même temps ses fondements dualistes et anthropocentristes.

CORINE PELLUCHON

Philosophe, professeure à l'université Gustave-Eiffel, auteure de *Les Lumières à l'âge du vivant* (Seuil, 2021)

Le totalitarisme nazi, le stalinisme et la possibilité d'une apocalypse nucléaire ainsi que les menaces liées au dérèglement climatique et à l'érosion de la biodiversité ont sonné le glas de l'idéal d'un progrès de la civilisation par la raison. Pouvant cautionner les entreprises les plus barbares et les plus démesurées, la raison n'est plus considérée comme un guide infaillible. Cette éclipse des Lumières a provoqué un vide moral, surtout après la chute du mur de Berlin et l'effondrement du communisme qui a laissé toute la place au marché. Quant à l'universalisme, attaqué par les post-modernes, il est devenu suspect. Les féministes et les postcoloniaux n'ont de cesse de dénoncer le faux universalisme des Lumières qui ont imposé un point de vue partiel en s'abritant derrière de grands principes prétendument généraux pour défendre un ordre patriarcal et impérialiste. Même si certains activistes commettent aujourd'hui l'erreur d'opposer les femmes aux hommes et de river les êtres à leur appartenance ethnique, il faut prendre au sérieux leurs critiques au lieu d'invoquer de manière défensive un modèle d'intégration qui a eu ses mérites, mais qui doit évoluer, afin de pouvoir accueillir la diversité des cultures.

La question est de savoir comment penser un universalisme qui ne soit pas hégémonique. Car nous avons besoin de principes universalisables pour relever le défi climatique, mettre l'économie au service de la vie et combattre les anti-Lumières qui veulent établir un ordre hiérarchique et théocratique en s'appuyant sur des préjugés essentialistes commandant l'assujettissement d'une partie de l'humanité par une autre. S'il est indispensable de reconnaître les différentes sphères d'appartenance des personnes et de leur permettre d'exprimer leur identité en fonction de leurs choix de vie, de leur orientation sexuelle ou de leurs traditions religieuses, il est tout aussi important de construire un projet de société sur ce qui nous rassemble, et non sur ce qui nous divise. Pour ce faire, nous avons besoin de principes universalisables.

On ne peut se satisfaire des coutumes et des valeurs qui sont toujours relatives à une culture. La société doit se construire sur des principes qui renvoient à des structures de l'existence et s'ancrent dans la condition humaine. C'est pourquoi une philosophie de la corporéité qui prend au sérieux notre vulnérabilité et notre dépendance à l'égard de la nature et des autres, humains et non-humains, offre une alternative à la fois à l'universalisme abstrait et surplombant des Lumières et au relativisme. En pensant notre condition charnelle et terrestre, on redonne un sens à l'idée d'unité du genre humain tout en reconnaissant la diversité des formes de vie et de culture. Il s'agit également de reconstruire l'association politique en partant d'un sujet vulnérable et relationnel, c'est-à-dire d'un sujet qui, dès qu'il se nourrit ou habite un lieu, est toujours en lien avec

« La question est de savoir comment penser un universalisme qui ne soit pas hégémonique. »

les autres, y compris avec les animaux. Une telle fondation du contrat social suppose que les devoirs de l'État ne sauraient se réduire à la sécurité – ou à la coexistence pacifique des libertés individuelles – et à la réduction des inégalités. L'écologie, le souci pour les conditions de vie des générations futures et la justice envers les animaux deviennent de nouveaux devoirs de l'État qui s'ajoutent aux finalités classiques du politique[1].

Chacun peut reconnaître la validité de ces principes qui mettent en évidence la centralité de l'écologie conçue comme la rationalité ou la sagesse de notre habitation de la Terre et de notre cohabitation avec les autres vivants. Cependant, même si ces principes sont universalisables, leur application doit être contextualisée et soumise à la discussion. Les politiques publiques ne peuvent être le produit d'une raison arrogante prétendant imposer de manière verticale et homogène des conceptions figées du Bien et du Mal, du juste et de l'injuste. L'universalisme qui est à construire est un universalisme en contexte et il est latéral[2], c'est-à-dire qu'il naît des échanges dont vit une société.

Il y a dans l'héritage des Lumières des principes fondamentaux qu'il est nécessaire de réaffirmer, surtout à notre époque marquée par l'augmentation des inégalités, le réveil du nationalisme et la montée des extrémismes. En premier lieu, la valeur inestimable de la liberté de penser, l'autonomie entendue comme la capacité à instituer le sens, à être la source des normes, implique de savoir que l'on peut reprendre en main son destin au lieu de croire que l'organisation sociale et politique repose sur l'hétéronomie, sur des règles ancestrales jugées indiscutables, ou que le néo-libéralisme représente la fin de l'histoire. En second lieu, la démocratie, qui est la traduction politique de cet idéal d'autonomie, est le vœu de construire une société d'égaux. Définie par le pluralisme, elle doit rendre possible l'expression de revendications contradictoires, la conflictualité ou la confrontation des positions divergentes puis la recherche d'accords sur fond de désaccords

1. Corine Pelluchon, *Les Nourritures. Philosophie du corps politique*, Paris, Seuil, 2015.
2. Nous empruntons cette expression à Maurice Merleau-Ponty, « De Mauss à Claude Lévi-Strauss », dans *Signes*, Paris, Gallimard, 1960, p. 150. Voir Corine Pelluchon, *Les Lumières à l'âge du vivant*, Paris, Seuil, 2021, p. 72.

devant permettre d'instituer *a posteriori* le bien commun. Il convient, aujourd'hui, de la décentrer afin que les publics qui la composent et qui éprouvent de manière hétérogène les conséquences de la mondialisation et du réchauffement climatique échangent entre eux et avec les représentants. Une telle transformation de la démocratie éviterait la confiscation du récit par un groupe et permettrait aux pouvoirs publics d'identifier les difficultés et les ressources existantes tout en encourageant les expérimentations locales qui peuvent être des alternatives fiables aux modes actuels de production.

> L'universalisme qui est à construire est un universalisme en contexte et il est latéral, c'est-à-dire qu'il naît des échanges dont vit une société.

Le troisième principe fondateur des Lumières est l'unité du genre humain qui s'oppose au racisme et à la xénophobie. L'humanisme aujourd'hui doit cependant se démarquer de l'humanisme passé dont Claude Lévi-Strauss disait qu'il était fondé sur l'amour-propre, c'est-à-dire sur le dualisme nature/culture et sur une séparation radicale entre l'humain et les autres vivants qui ouvrait un cycle maudit, car il conduisait à n'accorder qu'à une minorité toujours plus restreinte d'êtres humains le privilège d'être traités avec respect[1]. Autrement dit, pour reconnaître l'égale dignité de chaque personne en tenant également compte des intérêts des autres espèces et du droit des générations futures à bénéficier d'un environnement sain, il importe de promouvoir un humanisme de l'altérité et de la diversité qui prenne en considération notre condition terrestre et charnelle et la communauté de destin nous unissant aux autres. Cela ne signifie pas que l'on nie la spécificité de l'humain, mais sa liberté est pensée à la lumière de sa responsabilité à l'égard des êtres présents et futurs, humains et non-humains. Enfin, cet universalisme peut se traduire par un cosmopolitisme qui ne s'oppose pas au niveau local et national, mais apporte aux différents acteurs l'aide nécessaire à la transition écologique, laquelle peut redonner un contenu politique au projet européen.

1. Claude Lévi-Strauss, *Anthropologie structurale*, II, Paris, Plon, 1973, p. 53.

Le renforcement des principes hérités des Lumières passe donc par la contestation de leurs fondements dualistes et anthropocentristes. Si la raison s'est inversée en irrationalité, c'est parce que, se coupant du vrai et se réduisant à l'utile, elle est devenue un instrument de calcul et s'est amputée de sa dimension morale. Ce dévoiement de la raison qui a eu lieu lors de la modernité tardive, donc après le XVIIIe siècle, où la raison est encore l'organe de l'universel, explique qu'elle soit prise dans les rets de la domination qui est une triple domination. Elle s'exerce, en effet, sur les autres et sur la nature à l'extérieur et à l'intérieur de soi, c'est-à-dire qu'elle s'enracine dans le rejet de notre vulnérabilité et de l'altérité. Mais il y a aussi une amputation plus originaire de la raison. Elle est liée à la séparation de la civilisation et de la nature qui est propre à l'Occident et se retrouve dans le projet de maîtrise hérité des Lumières. C'est ce vice que nous devons extirper pour sortir du schème de la domination qui régit notre société[1].

« Le renforcement des principes hérités des Lumières passe donc par la contestation de leurs fondements dualistes et anthropocentristes.

Le schème désigne un dispositif dynamique, une matrice constituée par l'ensemble des représentations qui orientent nos choix économiques et politiques, déterminent nos désirs et notre comportement et colonisent notre imaginaire. Le schème de la domination transforme tout – l'agriculture, l'élevage, la politique – en guerre, et il fait le lien entre le totalitarisme, l'autonomisation des techniques, l'exploitation illimitée de la nature et des vivants et le capitalisme. Si l'écologie a une force émancipatoire, c'est parce qu'elle implique de destituer ce schème et de s'affranchir des représentations et des manières d'être et d'agir qui le caractérisent. Ainsi, elle peut être la traduction politique du schème de la considération qui fait de la reconnaissance de la valeur propre de chaque être et de la préservation du monde commun, composé de l'ensemble des générations et du patrimoine naturel et culturel, les critères de la justice[2].

1. Corine Pelluchon, *Les Lumières à l'âge du vivant*, *op. cit.*, pp. 98-100.
2. *Ibid.* Voir aussi Corine Pelluchon, *Éthique de la considération*, Paris, Seuil, 2018.

VIVANT

L'impact des activités humaines a profondément perturbé le climat et les équilibres du vivant. Nous sommes aux portes d'un effondrement sans précédent. Mais plutôt qu'à la résignation, ce constat doit conduire à une prise de conscience et provoquer une véritable réaction : inventer une politique du vivant, d'une radicalité inédite.

RENAUD HÉTIER

Enseignant-chercheur à l'Université catholique de l'Ouest (UCO), auteur de *L'humanité face à l'anthropocène. Résister aux effondrements* (Presses universitaires de France, 2021)

NATHANAËL WALLENHORST

Maître de conférences à l'Université catholique de l'Ouest (UCO), auteur de *Mutation* (Le Pommier, 2021)

« Tout s'effondre et un grand collapse est inévitable », ne cessons-nous d'entendre de la part de Pablo Servigne ou d'Yves Cochet[1], suscitant immédiatement de vives critiques animées par la peur que cela ne vienne embraser de prétendus « ayatollah verts » (ainsi, entre autres, le dernier livre de Laurent Alexandre[2]).

> « Le moment est proche où, quel que soit ce que nous ferons, le système Terre entrera dans une période de transition indépendante de toute action humaine.

D'autres voix encore prennent en compte l'ampleur de la composante systémique de notre altération de la Terre, tout en cherchant à politiser les enjeux environnementaux pour permettre à l'aventure humaine de traverser les siècles à venir. « Parce que le pire n'est pas certain[3] », il est une voie possible pour laquelle la politique peut nous servir de fragile lumière : une politique du vivant inspirée par les Lumières. Mais il s'agit ici peut-être plutôt de « lueurs[4] » pour reprendre un terme cher au philosophe Gaston Bachelard, celles d'une nouvelle compréhension du vivant, comme l'a récemment développé la philosophe française Corine Pelluchon dans son dernier ouvrage[5], particulièrement en phase avec le petit manifeste de deux penseurs allemands, Andreas Weber et Hildegard Kurt, *Réensauvagez-vous ! Pour une politique du vivant*[6].

---

1. Yves Cochet, *Devant l'effondrement. Essai de collapsologie*, Paris, Les liens qui libèrent, 2019 et Pablo Servigne et Raphaël Stevens, *Comment tout peut s'effondrer. Petit manuel de collapsologie à l'usage des générations*, Paris, Seuil, 2015.
2. Laurent Alexandre, *Jouissez jeunesse ! Petit manuel à l'attention de ceux qui choisiraient de ne pas croire à la fin du monde*, Paris, JC Lattès, 2020.
3. Catherine et Raphaël Larrère, *Le pire n'est pas certain. Essai sur l'aveuglement catastrophique*, Paris, Premier Parallèle, 2020.
4. Gaston Bachelard, *La Poétique de la rêverie*, Paris, Presses universitaires de France, 1986, [1960], p. 93.
5. Corine Pelluchon, *Les Lumières à l'âge du vivant*, Paris, Seuil, 2021.
6. Andreas Weber et Kurt Hildegard, *Réensauvagez-vous ! Pour une nouvelle politique du vivant*, Paris, Le Pommier, 2021.

DU NOUVEAU SOUS LE SOLEIL ?

Les données scientifiques de ces dernières décennies mettent en évidence la façon dont les activités humaines ont profondément perturbé le climat et les équilibres du vivant[1]. Ainsi, à titre d'exemple, nous avons appris que nous avons perdu en quelques décennies près des trois quarts de la population des insectes, à la base de la chaîne alimentaire. En témoigne un article de Seibold et ses collègues, paru dans *Nature* en 2019[2], qui porte sur la population des insectes en Allemagne, mais nous pouvons facilement supposer qu'il en est de même dans la plupart des pays européens; les insectes n'ayant pas eu l'intelligence de construire des frontières anti-immigration. Dans un article paru dans *Proceedings of the National Academy of Sciences*[3], le chimiste américain Will Steffen et seize de ses collègues[4] affirment que le système Terre court le risque d'entamer, d'ici à une à deux décennies, une succession d'emballements irréversibles qui rende impossible la vie humaine en société telle que nous la connaissons actuellement en raison d'une profonde réorganisation. La Terre deviendrait, selon leur expression, une « *Hothouse Earth* », une forme de « planète étuve » atteignant un réchauffement de l'ordre de +5 degrés d'ici à la fin du siècle et pour plusieurs dizaines ou centaines de milliers d'années.

Les activités humaines ont altéré le système Terre qui entre au tout début d'une nouvelle époque géologique, l'Anthropocène, caractérisée, entre autres phénomènes, par l'effondrement d'écosystèmes. Le problème géologique contemporain est que nous amorçons une trajectoire qui nous éloigne à toute vitesse du cycle glaciaire-interglaciaire qui organisait le fonctionnement du système Terre ce dernier million d'années. Si les activités humaines sont devenues la principale force géologique orientant désormais le fonctionnement même du système Terre, la conséquence principale de nos actions est d'avoir « forcé »

1. Nathanaël Wallenhorst, *La Vérité sur l'Anthropocène*, Paris, Le Pommier, 2020.
2. Sebastian Seibold *et al.*, « Arthropod decline in grasslands and forests is associated with landscape-level drivers », *Nature*, 574, 2019, pp. 671-674.
3. Une des revues scientifiques les plus lues et citées au monde avec *Nature* et *Science*.
4. Will Steffen *et al.*, « Trajectories of the Earth System in the Anthropocene », *Proceedings of the National Academy of Sciences*, vol. 115, n° 33, 2018, pp. 8252-8259.

(selon l'expression géologique consacrée) de nombreux sous-systèmes du système Terre qui est au bord d'un nouveau seuil où les humains ne seront plus la principale force géologique. Le moment est proche où, quel que soit ce que nous ferons, le système Terre entrera dans une période de transition indépendante de toute action humaine. En d'autres termes, ce qui est fondamental et particulièrement complexe à comprendre est qu'en Anthropocène, contrairement à l'étymologie même du terme[1], les actions humaines ne sont la principale force géologique que durant une très courte période (un petit siècle si nous datons l'entrée dans l'Anthropocène en 1950). D'ici à dix à vingt ans, des humains seront bel et bien responsables et coupables, mais n'auront plus de capacité d'action.

Bien sûr, il est facile de trouver, *fake news* des réseaux sociaux aidants, quelques obscurs sites Internet ou confréries de psychopathes démontrant, discours pseudo-scientifiques à l'appui, que nous ne serions pas sûrs que le réchauffement climatique soit avéré ou qu'il soit la résultante des activités humaines (nous trouvons aussi des théories expliquant qu'Angela Merkel, physicienne à ses heures perdues, aurait créé le coronavirus). Rien de tout cela chez les géologues, climatologues, chimistes de l'atmosphère et autres scientifiques du système Terre. Rien de tout cela dans les revues scientifiques internationales à comité de lecture.

TOUT S'EFFONDRE « À VITESSE GRAND V », EN RAISON D'UNE HÉGÉMONIE DU SYSTÈME CAPITALISTE, SAUF LE CAPITALISME

Nous sommes aux portes d'un effondrement sans précédent, qui procède de différents effondrements : celui de la vie, celui des sociétés, celui de l'avenir. Cette perspective, scientifiquement objectivable à travers les effondrements des écosystèmes, n'empêche pas de se questionner sur la façon dont nous pouvons l'interpréter. Elle peut conduire à une forme de résignation (« c'est foutu, on ne peut rien y faire »).

1. Anthropocène est formé des termes grecs *Anthropos* (être humain) et *kainos* (nouveau).

La passivité, les forces d'inertie, d'une certaine manière la pulsion de mort (qui s'oppose au désir), sont des puissances très actives, ce dont témoigne notamment la faiblesse de la résistance à un système capitaliste très inégalitaire, profondément aliénant et, *in fine*, complètement destructeur. Une forme de « précipitation » peut exister (« foutu pour foutu, profitons-en au maximum jusqu'au bout », comme ces propriétaires de 4x4 qui filmaient les volutes de fumée noire dégagées par leur très polluant pot d'échappement en poussant leur moteur lorsque le président Obama voulait faire passer une loi pour la préservation de l'environnement). Cette perspective n'est pas à négliger, aussi folle puisse-t-elle paraître, si on considère que le système capitaliste dans lequel nous sommes pris ne cesse de nous rendre dépendants de ses promesses de jouissance en compensation de notre aliénation à ce même système. Enfin, elle peut conduire à une prise de conscience, en mettant un mot sur les choses et en provoquant une véritable réaction, sur le mode de la résistance et de la lutte.

> Nous sommes aux portes d'un effondrement sans précédent, qui procède de différents effondrements : celui de la vie, celui des sociétés, celui de l'avenir.

Cependant, et ceci est d'autant plus important que cela peut être décisif tout en restant informulé dans le débat public, les humains engagés dans la spirale capitaliste prennent individuellement part à l'effondrement déjà en cours. On ne peut comprendre la vigueur et l'efficacité de l'aliénation de l'humain par le capitalisme sans prendre en compte ce qu'on peut considérer à présent comme l'intériorisation de la violence initiale de ce système, d'une part, et la façon dont cette violence se mêle de jouissance. Autrement dit, non seulement les humains ont appris à s'auto-exploiter et à considérer cet abandon comme une manifestation de leur liberté, mais encore se consolent-ils toujours librement de cet abandon dans une jouissance matérielle qui les rive à la perspective de l'illimitation. Plutôt que de résister à ce qui provoque leur propre effondrement, les humains, d'abord tenus par la force et l'extrême nécessité, consentent aujourd'hui librement à recourir aux palliatifs vendus par le système renforçant ainsi indéfiniment celui-ci et versant dans le puits sans fond de leur vide existentiel les vanités de la consommation et du divertissement.

UNE POLITIQUE DU VIVANT POUR RAVIVER LES « BRAISES SOLIDAIRES DU VIVANT[1] » QUI POURRAIENT PERMETTRE AUX LOGIQUES CAPITALISTES DE MAXIMISATION DES INTÉRÊTS INDIVIDUELS DE S'EFFONDRER

Si on prend au sérieux ce qui précède, alors la solution au grand effondrement encore à venir ne peut être seulement technique (la maîtrise d'énergies non fossiles, de matériaux non polluants, etc.), non plus que du strict registre de l'action (l'imposition de mesures limitatives plus ou moins contraignantes). Il s'agit de défaire un terrible et pluriséculaire cercle vicieux, profondément ancré dans les sensibilités et dans l'imaginaire, qui rend impossible ne serait-ce que de penser une alternative, dans la mesure où jamais un système n'a paru répondre aussi fortement aux « besoins » des humains. Le cercle est bien vicieux en ceci que précisément il n'y a pas de meilleur système pour répondre aux besoins qu'il a lui-même créé, au point qu'il devient inimaginable d'en sortir sans se précipiter dans une immense régression. Cette colonisation de notre imaginaire[2] empêche tout à la fois d'identifier notre effondrement, ses causes dans l'aliénation capitaliste et la perversité des solutions adoptées. Celles-ci sont simples : elles visent, d'une part, à entretenir le système en maintenant la dépendance (consommation d'écrans, de psychotropes, de stupéfiants, d'objets jetables, de loisirs marchands, etc.), et, d'autre part, complémentairement, à annihiler toute velléité de liberté authentique, de désir alternatif, de résistance ou de révolte. Les dépendances provoquées n'alimentent pas seulement la consommation, elles stérilisent aussi l'imagination, le désir et la colère. On ne pourra, dans ces conditions, contrecarrer le grand effondrement qu'en libérant l'imagination, le désir et la colère,

> Nous devons mettre en œuvre des politiques d'une radicalité inédite sans jamais sombrer dans les extrêmes.

1. Baptiste Morizot, *Raviver les braises du vivant*, Paris, Actes Sud, 2020.
2. Voir Cornelius Castoriadis, *L'Institution imaginaire de la société*, Paris, Seuil, 1999 et Serge Latouche, *Sortir de la société de consommation*, Paris, Les liens qui libèrent, 2010.

en traversant le vide et l'angoisse, en refusant les compensations matérielles du capitalisme, désarmant ainsi le système. En nous prenant tout autrement en charge, soi, les uns les autres et le monde qui nous soutient et que nous pouvons encore sauver, nous pouvons rendre ce système de compensation matériel cette fois inutile et ainsi précipiter sa péremption[1].

Fondamentalement, l'enjeu politique des années à venir est simple : nous devons mettre en œuvre des politiques d'une radicalité inédite sans jamais sombrer dans les extrêmes qui, en aucune manière, n'ont la possibilité d'accompagner notre mutation[2], ou encore cette « odyssée pour une Terre habitable[3] » pour reprendre le titre du livre de François Prouteau. Ici, l'analyse approfondie de l'exemple chinois en est l'illustration : en dépit de la communication environnementale de ce régime autoritaire et de l'investissement massif du marché des énergies renouvelables, ce pays ne cesse d'altérer toujours davantage le fonctionnement du système Terre. Rien qui ne vienne du côté de l'autoritarisme ne nous permettra d'assurer la pérennité de l'aventure humaine.

Il nous revient de penser et de mettre en œuvre une politique nous permettant de nous ancrer profondément dans le vivant, incontrôlable (donc « postcapitaliste » par essence) et créatif, à partir d'une revalorisation profonde de cette « part sauvage du monde[4] ». La bascule à réaliser est celle d'une « acceptation de quelque chose de plus grand que nous et qui doit le rester[5] », qui nous soutient pourvu que nous ne la détruisions pas, une nature qui nous embrasse, et dans laquelle nous ne faisons que passer, si possible en laissant des traces dignes de mémoire.

---

1. Renaud Hétier, *L'Humanité face à l'Anthropocène. Résister aux effondrements*, Paris, Presses universitaires de France, 2021.
2. Nathanaël Wallenhorst, *Mutation*, Paris, Le Pommier, 2021.
3. François Prouteau, *Odyssée pour une Terre habitable*, Paris, Le Pommier, 2021.
4. Virginie Maris, *La Part sauvage du monde*, Paris, Seuil, 2018.
5. Geneviève Azam, *Osons rester humain. Les impasses de la toute-puissance*, Paris, Les liens qui libèrent, 2015.

ZOOM TOWNS

Associant l'expression de « *boom town* » et le nom du logiciel de visioconférence, les *Zoom Town* désignent les petites villes qui attirent de nouveaux télétravailleurs. Un plus grand espace de vie, moins de transport quotidien, la proximité de la nature sont autant de critères mis en avant pour expliquer ces nouvelles stratégies résidentielles.

MAGALI TALANDIER
Professeure des universités,
université Grenoble Alpes, UMR Pacte

Associant l'expression de « *boom town* »[1] et le nom du logiciel de visioconférence, les *Zoom Town* pourraient être l'un des phénomènes territoriaux post-Covid-19.

1. Ce terme désigne une petite ville qui se développe soudainement en raison d'une augmentation de l'activité économique.

QU'EST-CE QU'UNE *ZOOM TOWN* ?

L'expression apparaît dans la presse américaine, en pleine pandémie, pour désigner les petites villes qui attirent de nouveaux télétravailleurs. Un plus grand espace de vie, moins de transport quotidien, la proximité de la nature sont autant de critères mis en avant pour expliquer ces nouvelles stratégies résidentielles. Aux États-Unis, ces villes ont en moyenne 25 000 habitants. Elles sont situées à 25 kilomètres environ d'un plus grand pôle urbain afin d'accéder rapidement à une offre de services supérieure et, surtout, elles s'inscrivent dans des lieux à fortes aménités environnementales et paysagères (proximité de la mer, de la montagne, des stations de ski, des grands lacs...). Fréquentées jusque-là pour des séjours touristiques, ces villes deviennent, grâce au télétravail, des lieux de résidence à temps complet.

On retrouve donc les mêmes critères que ceux mis en évidence par les chercheurs qui étudiaient les migrations dites d'« agrément » au début des années 2000 aux États-Unis, comme en France. En effet, ces migrations désignent des mobilités résidentielles motivées par la recherche d'un cadre de vie agréable et non par des raisons économiques comme c'est habituellement le cas (recherche de travail et amélioration du niveau de revenu). Mais ce qui différencie le mouvement vers les *Zoom Town* des migrations décrites dans les années 2000, c'est à la fois le profil des migrants et le type de territoire convoité. Les migrations d'agrément étaient principalement le fait de retraités ou de jeunes ménages désireux de changer radicalement de mode de vie, quittant leur travail « à la ville » pour reconstruire une aventure humaine, en quête de sens et de valeur, à la campagne.

« Reconstruire une aventure humaine, en quête de sens et de valeur, à la campagne.

La généralisation du télétravail ouvre de nouvelles perspectives. Elle permet à des cadres occupant des emplois dits « métropolitains » (journalisme, art et culture, services supérieurs, informatique, industrie de pointe...) de résider loin des grandes agglomérations qui concentrent habituellement ce type de métiers. Beaucoup d'articles insistent d'ailleurs sur l'âge et le profil des nouveaux résidents des *Zoom Town*. Les *millenials*, ces générations Y nées entre 1980 et 2000, y seraient surreprésentés, tout comme les travailleurs qualifiés. C'est un peu comme si la « classe créative », chère à Richard Florida[1], déménageait massivement vers ces nouveaux eldorados que sont, par exemple, Kingston, près de la Hudson River, Les Hamptons dans l'État de New York, Lewisburg dans le Tennessee, Martha's Vineyard dans le Massachusetts, Cape Cod, Butte dans les montagnes du Montana ou la station de ski très prisée de Aspen dans le Colorado. Au total, les premières estimations indiquent que plus de 2 millions d'Américains souhaiteraient devenir propriétaires d'une maison dans ce type de villes.

« Au total, les premières estimations indiquent que plus de 2 millions d'Américains souhaiteraient devenir propriétaires d'une maison dans ce type de villes.

Ce phénomène territorial est donc assez bien identifié aux États-Unis où le télétravail est largement généralisé depuis plusieurs années. Qu'en est-il du contexte français ?

DES *ZOOM TOWN* À LA FRANÇAISE

En France, la tendance est moins nette et le manque de recul nous empêche d'obtenir des constats probants. Nous pouvons néanmoins mettre en regard trois types d'informations : celles sur le potentiel de télétravailleurs, celles issues des marchés immobiliers et, enfin, les premiers retours d'enquête sur les représentations qu'ont les Français des villes moyennes.

À partir des données détaillées des professions fournies par l'Insee[2], nous pouvons estimer le nombre d'emplois potentiellement compatibles avec une situation de télétravail. Par exemple, un

---

1. Richard Florida explique le développement économique en milieu urbain par la présence de la « classe créative », une conception innovante de la notion de capital humain qu'il fonde en s'appuyant sur les personnes à fort capital créatif (ingénieurs, chercheurs, artistes…).
2. Insee, *Recensement 2016 : résultats sur un territoire, bases de données et fichiers détail*, 22 octobre 2019.

commerçant, un agriculteur, un ouvrier, un enseignant seront considérés comme ne pouvant pas télétravailler ; inversement, on considérera qu'un employé de l'administration, un ingénieur de l'informatique, une secrétaire peuvent – au moins partiellement – télétravailler. Les estimations ainsi réalisées montrent que 29 % des emplois sont compatibles avec le télétravail. Ces chiffres sont à peu près identiques à ceux calculés par l'Institut Montaigne en France, mais aussi avec la plupart des ratios obtenus dans les pays de l'OCDE. Un approfondissement de ces calculs montre également la forte surreprésentation des cadres et des professions intellectuelles dans les télétravailleurs potentiels. Par ailleurs, si, en moyenne, 29 % des emplois occupés sont conciliables avec le télétravail, ce taux atteint 44 % parmi les usagers de transports en commun. Le gain éventuel sur la diminution des navettes domicile-travail doit donc être tempéré par ce type d'informations. Enfin, la géographie de ces emplois est également très variable d'une zone d'emploi[1] à l'autre. Par exemple, à Paris, près d'un emploi sur deux serait compatible avec une modalité de télétravail, 44 % à Saclay, 40 % à Marne-la-Vallée. Dans les zones d'emplois des grandes agglomérations hors Île-de-France, Aix-en-Provence, Lyon, Lille, Toulouse sont à 36 % d'emplois de ce type. À Grenoble, Strasbourg, Nantes, Marseille, un tiers des emplois sont concernés. À l'opposé, dans les zones d'emplois de Mauriac ou de Saint-Flour, dans le Cantal, ce taux reste inférieur à 15 %.

« Un approfondissement de ces calculs montre également la forte surreprésentation des cadres et des professions intellectuelles dans les télétravailleurs potentiels.

On peut donc estimer qu'un vivier potentiel pour les *Zoom Towns* existe. Comme aux États-Unis, il concerne une large part de travailleurs plutôt qualifiés, résidant dans les grandes agglomérations du pays et tout particulièrement dans la capitale et sa proche périphérie.

1. Il serait intéressant de mener ces calculs à une échelle plus fine, mais les données Insee permettant ce type de calcul ne sont pour l'instant pas disponibles à d'autres échelles.

Ensuite, les experts des marchés immobiliers nous fournissent des informations quant à la demande de logements et aux variations de prix. La presse et les sites spécialisés indiquent une envolée des achats dans certaines zones rurales françaises dès le printemps 2020. Aujourd'hui, il semble qu'une large part de ces achats soit plutôt destinée à l'acquisition de résidences secondaires dans des campagnes qui étaient déjà touristiques et résidentielles (Bretagne ou Diois, par exemple). Mais, depuis l'été 2020, les experts de l'immobilier observent également une demande croissante de biens dans de nombreuses villes moyennes. Angers, Nîmes, Caen, Le Mans, mais aussi des villes moyennes situées dans la périphérie de Paris ou de Bordeaux sont souvent citées en exemple. Plus récemment, une hausse des prix immobiliers est également constatée dans des villes moyennes, cœur de métropole, à l'image de Grenoble, ou bien encore dans de plus grandes villes, comme à Marseille. Il est donc difficile de tirer des conclusions définitives de ces frémissements immobiliers constatés certes dans des villes moyennes, mais aussi dans d'autres types de territoires.

« Depuis l'été 2020, les experts de l'immobilier observent également une demande croissante de biens dans de nombreuses villes moyennes.

Enfin, les premiers retours d'enquêtes réalisées par La Fabrique de la Cité[1] montrent que les villes moyennes bénéficient de représentations très positives chez les Français, dans la mesure où elles allient les avantages de la grande ville (commerces, service public, innovation) et des plus petites (proximité de la nature, qualité de vie…). Leurs principaux atouts seraient la tranquillité, la proximité de la nature, le coût de la vie et des logements accessibles, mais aussi le fait qu'elles semblent économiquement plus dynamiques qu'il y a une dizaine d'années. Ainsi, elles apparaissent comme le territoire le plus adapté pour élever ses enfants (selon 35 % des Français). Enfin, toujours selon cette étude, 21 % des Français envisagent davantage de quitter leur lieu de vie depuis la pandémie, un taux qui atteint 36 % en région parisienne.

1. La Fabrique de la Cité, *Les perceptions des villes moyennes par les Français : les résultats d'un sondage d'opinion inédit*, 11 novembre 2020.

L'AVENIR EST-IL DANS LES VILLES MOYENNES ?

Au regard de ces éléments, la ville moyenne semble disposer de nouveaux atouts pour attirer des ménages partiellement télétravailleurs. Cependant, la notion même de ville moyenne est très large, notamment dans le cas français. La ville résidentielle et touristique de 25 000 habitants, à l'image de la *Zoom Town* américaine, les villes moyennes aux fonctions plus diversifiées (Valence, Avignon, Angers…), mais aussi certaines communes, cœurs de métropoles institutionnelles, telles que Rouen ou Clermont-Ferrand, sont assimilables à cette catégorie de territoire en réalité fort disparate. Ainsi, ce qui se dégage des premières données (potentiel de télétravailleurs, marché immobilier et enquêtes), c'est peut-être moins l'opposition ville-campagne, ou centre-périphérie, qu'une demande d'abord parisienne, y compris tournée vers des résidences secondaires. Si de nombreux territoires semblent pouvoir tirer leur épingle du jeu en termes d'attractivité résidentielle auprès de ces nouveaux télétravailleurs, très souvent hyper-qualifiés, n'oublions pas que la crise économique frappe une large partie des ménages qui n'ont justement pas la possibilité de superposer spatialement leur lieu de travail et leur lieu de vie. Ainsi, derrière les conclusions souvent hâtives qui se dégagent de ces premières tendances que certains qualifient d'« exode urbain », les risques d'aggravation des disparités sociales sont réels et méritent réellement toute notre attention.

> C'est peut-être moins l'opposition ville-campagne, ou centre-périphérie, qu'une demande d'abord parisienne, y compris tournée vers des résidences secondaires.

Déjà parus

à télécharger gratuitement sur www.jean-jaures.org

Reconnue d'utilité publique dès sa création, la Fondation Jean-Jaurès est la première des fondations politiques françaises. Indépendante, européenne et sociale-démocrate, elle se veut depuis vingt-cinq ans un lieu de réflexion, de dialogue et d'anticipation. Les partenariats éditoriaux qu'elle engage répondent à l'ambition de faire naître analyses pertinentes et propositions audacieuses, mais aussi de mettre cette production intellectuelle et politique au service de tous. Gilles Finchelstein et Laurent Cohen sont directeurs des publications de la Fondation Jean-Jaurès.

Dans la même série, avec la Fondation Jean-Jaurès

Le foot va-t-il exploser?
Pour une régulation du système économique du football,
de Richard Bouigue et Pierre Rondeau

« Soldats de Dieu »
Paroles de djihadistes incarcérés,
de Xavier Crettiez et Bilel Ainine

Inconfinables?
Les sans-abri face au coronavirus,
de Julien Damon

Des discriminations sous-estimées?
Les musulmans en France,
de Jérôme Fourquet

Les Foulards de la discorde
Retours sur l'affaire de Creil 1989,
dirigé par Ismaïl Ferhat

Karim vote à gauche et son voisin vote FN
dirigé par Jérôme Fourquet

L'an prochain à Jérusalem?
Les Juifs de France face à l'antisémitisme,
dirigé par Jérôme Fourquet et Sylvain Manternach

La prison, alpha et oméga de la punition?
de Adeline Hazan, Adrien Taquet

Serons-nous submergés?
Épidémie, migrations, remplacement,
de Hervé Le Bras

Le Fait en question
dirigé par Guillaume Lecointre et Sarah Proust

Steak barbare
Hold-up végan sur l'assiette,
de Gilles Luneau

Indispensables mais invisibles ?
Reconnaître les travailleurs en première ligne,
de Denis Maillard

Entreprises et territoires : nouvelle alliance ?
de David Ménascé et Pierre Victoria

Être vieux : relégation ou solidarité ?
de Chloé Morin et Daniel Perron

Brève introduction au populisme
de Cas Mudde et Cristóbal Rovira Kaltwasser

Politiquement jeune
de Anne Muxel

Nos lieux communs
de Richard Ferrand

La gauche du réel
Un progressisme pour aujourd'hui,
de Collectif Télémaque

Un nouvel âge jeune
Devenir adulte en société mobile,
de Jean Viard

La Clairière des LIVRES

Pour chaque titre d'un livre imprimé,
un arbre est planté dans une forêt
de 15 hectares en Centre Bretagne.

www.typolibris.fr (by Printcorp)

Pour limiter l'empreinte environnementale de leurs livres,
les éditions de l'Aube font le choix de papiers issus
de forêts durablement gérées et de sources contrôlées.

Achevé d'imprimer en mars 2021
par l'imprimerie Print Corp
pour le compte des éditions de l'Aube
331, rue Amédée-Giniès, F-84240 La Tour d'Aigues

Conception graphique : Ici & Ailleurs

Numéro d'édition : 4289
Dépôt légal : avril 2021
Numéro d'impression : 21030096

Imprimé en Europe